이순신의
생각실험실

:거북선

이순신의 생각실험실

:거북선

송은영 지음 | 오승만 그림

해나무

머리말

여러분, 영웅이라는 말 들어 보았죠?
국어사전을 찾아보면, 영웅을 이렇게 뜻풀이해 놓고 있어요.

'지혜와 재능이 뛰어나고 용맹하여, 보통 사람이 하기 어려운 일을 해내는 사람.'

그렇다면 우리나라 최고의 영웅은 누구일까요?
 우리나라가 위기에 처해서 거의 망하기 일보 직전이었을 때 나라를 구한 인물이라면, 국어사전의 뜻풀이대로 지혜와 재능이 뛰어나고 용맹하여 보통 사람이 하기 어려운 일을 해낸 사람이라고 할 수 있을 거예요.
 그래요, 이런 인물이라면, 우리나라 최고의 영웅이 되기에 충분할 거예요. 이에 딱 맞는 인물이 전광석화처럼 머릿속에 바로 떠오르지 않나요? 맞아요. 이순신 장군이에요. 이순신 장군은 우리나라 최고의 영웅이에요. 임진왜란 때에 거의 망한 것이나 다름없는 나라를 지혜와 재능과 용기로 구해 냈으니까요.

영웅 이순신과 임진왜란을 얘기하면서 빼놓을 수 없는 것이 바로 거북선이에요.

우리는 모두 어릴 적부터 귀가 닳도록 거북선을 듣고 또 들으면서 자라요. 하지만 거북선에 대해서는 잘 알지 못하죠. 단지 거북선이 세계에 내놓아도 부끄럽지 않을 만큼 대단한 배였다는 정도로만 알고 있을 뿐이에요.

'이순신은 거북선을 제작하기 위해 어떤 멋진 생각을 했을까?'
'이순신은 그 멋진 생각을 어떻게 적용해서 거북선을 만들었을까?'

이에 대한 답이 이 책에 옹골지게 들어 있어요. 이순신이 위기에 처한 나라 걱정을 밤이나 낮이나 하면서 마침내 거북선으로 완성한 아이디어들, 이를 생각실험으로 한 조각 한 조각 끼워 맞춰 가다 보면, 왜 이순신이 우리나라 최고의 영웅이 되기에 손색 없는 인물인지, 아니 왜 그가 우리나라 최고의 영웅이 꼭 되어야 하는지를 절로 느끼게 될 거예요. 이 값진 감탄의 경험을 여러분과 함께 나누고 싶어요.

송은영

차례

머리말 · 4

01. 이순신이 전라좌수사가 됐어요
이순신 장군 하면 떠오르는 배는? · 12
류성룡이 이순신을 추천했어요 · 13
이순신 장군이 나라를 걱정했어요 · 18
이순신 장군이 전쟁에 대비하기 시작했어요 · 22

02. 이순신 장군은 최강의 전투선을 원했어요
남해의 이점을 살려라 · 32
전투선의 바닥은 어떤 모양? · 38
전투선의 바닥이 평평하면 · 42
전투선이 방향을 바꿀 때 · 48
전투선이 대포를 발사할 때 · 53

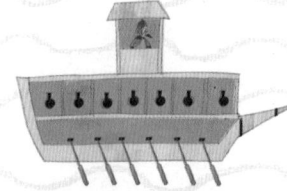

03. 최강의 전투선을 머릿속으로 그려 보았어요

수군이 뒤섞여 있으면 · 58

수군을 따로따로 · 60

전투 수군이 배의 중앙에 있으면 · 63

전투 수군이 가장자리로 가면 · 65

노를 젓는 수군과 전투 수군이 수시로 교대하면 · 70

노를 젓는 수군은 아래로, 전투 수군은 위로 · 74

나무 판자로 막아라 · 76

조선왕조실록으로 보는 거북선 ① · 80

04. 위풍당당 거북선이 완성되었어요

기본 뼈대는 판옥선 • 84
어떤 나무를 사용할까 • 87
왜군의 배보다 더 강하려면 • 91
지휘관실 위를 덮어라 • 99
거북등에 뾰족한 걸 꽂아라 • 102
용머리와 꼬리를 달아라 • 106
이순신 장군은 거북선을 몇 척 만들었을까? • 108
이순신의 거북선은? • 110

05. 거북선에 수군이 타고 천지현황을 싣고

거북선에는 노를 젓는 수군이 몇 명 탔을까? • 116
거북선에는 대포 발사 수군이 몇 명 탔을까? • 120
거북선에는 활 쏘는 수군이 몇 명 탔을까? • 124
거북선에는 수군이 몇 명 탔을까? • 126
거북선에 천지현황을 설치했어요 • 128
천지현황은 무엇을 발사했을까? • 131

06. 이순신 장군이 연전연승했어요

거북선이 사천해전에서 처음으로 맹활약했어요 • 138
한산도해전에서 학익진을 펼쳤어요 • 144
명량해전에서 기적 같은 승리를 이끌었어요 • 154

조선왕조실록으로 보는 거북선 ② • 162

부록 이순신과 임진왜란의 역사 • 164
참고 문헌 • 170

01.

**이순신이
전라좌수사가 됐어요**

이순신 장군 하면 떠오르는 배는?

질문 하나 할게요.

"이순신 장군 하면 무엇이 떠오르나요?"

대한민국 사람이라면 모르는 사람이 없을 거예요. 맞아요, 거북선이에요. 이순신 장군과 거북선은 떼려야 뗄 수 없는 사이예요.

이순신 장군이 거북선을 만들기로 마음먹기 시작한 것은 1591년 2월부터예요. 그리고 그로부터 1년 2개월 후인 1592년 4월에 거북선을 완성했어요. 그렇다면 이런 궁금증이 일지 않을 수가 없어요.

'이순신 장군은 이 기간 동안에 어떤 멋진 생각을 했을까?'

'이순신 장군은 이 멋진 생각을 어떻게 거북선 제작에 적용했을까?'

이제 이 궁금증을 풀어 보는 여행을 떠나려고 해요. 여러분, 출발 준비되었나요? 좋아요, 그럼 출발할게요.

류성룡이 이순신을 추천했어요

경복궁의 근정전.

근정전은 경복궁의 중심이 되는 건물이에요. 왕은 이곳에서 국가의 주요 행사를 치르고, 신하들과 중요한 얘기를 나누었어요. 임금이 신하들과 나라의 중대한 일을 의논하는 것을 어전회의라고 해요.

조선의 14대 왕인 선조 임금이 류성룡을 비롯한 여러 신하들과 어전회의를 하고 있어요.

"그대들은 재능 있고 능력 있는 장수를 추천해 보시오."

선조 임금이 재촉하듯 말했어요.

"이순신이 적당하다고 생각하옵니다."

류성룡이 한 치의 머뭇거림 없이 대답했어요.

류성룡은 이 당시 좌의정이었어요. 조선 시대에 영의정, 좌의정, 우의정은 높은 자리의 벼슬이었어요. 이 벼슬은 오늘날로 치면, 장관보다 높은 부총리나 총리쯤 되는 벼슬이라고 볼 수 있어요.

"아니 되옵니다, 전하."
여러 신하들이 펄쩍 뛰었어요.
"좌의정과 뜻이 다르다는 얘기요?"
선조 임금의 목소리가 높아졌어요.
"그러하옵니다, 전하."
"그대들이 이순신을 반대하는 이유가 무엇이오?"
"그 이유는……."
신하들이 말을 잇지 못하자, 선조 임금이 다시 물었어요.

"이순신의 자질이 부족하다고 보는 것이오?"

"그건 아니옵니다, 전하."

"그렇다면 좌의정의 추천을 반대하는 이유가 무엇이오?"

"재능 있고 능력 있는 자가 벼슬에 오르는 것은 마땅하다 생각하옵니다. 하지만 벼슬의 승진에도 차례가 있고 단계가 있다고 생각하옵니다. 이순신은 너무 빠른 승진을 하고 있다고 판단되옵니다, 전하."

신하들의 이러한 지적은 나름의 이유와 논리가 있는 것이었어요. 류성룡이 추천하기 전까지 이순신의 정식 벼슬은 정읍 현감이었어요. 정읍 현감은 조선 시대의 벼슬 순위로 따지면 종6품에 해당했어요.

조선 시대의 벼슬은 가장 높은 정1품에서부터 시작해 종1품, 정2품, 종2품, 정3품, 종3품……의 순서로 되어 있어요. 정읍 현감은 이 중 종6품에 해당하는 벼슬이에요.

대체로 승진이라고 하면, 한두 단계 위로 오르는 것이 일반적이에요. 그런데 유성룡은 무려 6단계나 오른 정3품의 자리에 이순신을 추천한 것이에요. 더구나 정3품은 아무 신분이나 마냥 오를 수 있는 자리가 아니에요. 왕의 친척이나 아니면 문관들이 주로 오르는 자리였지요. 이순신처럼 무관이 쾌속 승진하기는 무척이나 어려운 자리였던 거예요. 무관이란 군사와 관련된 일을 하는 사람으로, 요즘으로 치면 군인이라고 할 수 있어요.

관직에 오르는 분위기가 이랬으니 신하들의 입장에서는 류성룡의 추천을 반대할 만도 했던 것이에요.

그러나 선조 임금은 신하들의 뜻을 받아들이지 않았어요.

"그대들의 지적은 충분히 일리가 있다고 보오. 하지만 지금의 상황은 파격적 승진의 옳고 그름을 따질 만큼 여유롭지 않소. 좌의정의 추천이니만큼, 이순신은 맡은 바 임무를 충실히 해낼 것이라 믿소. 그러니 그리 알도록 하오."

선조 임금도 인정했듯이, 이순신의 승진은 일반적인 관례를 깨뜨리는 것이었어요. 하지만 류성룡의 추천을 받아들이겠다는 선조 임금의 뜻 또한 이렇듯 강했어요. 그래서 신하들도 더 이상 반대할 수가 없었어요.

류성룡(1542~1607)
조선 중기의 학자, 문관, 저술가.

이순신 장군이 나라를 걱정했어요

　류성룡이 추천한 정3품의 벼슬은 전라좌도수군절도사였어요. 1591년 2월 이순신은 전라좌도수군절도사로 부임했어요.

　전라좌도수군절도사란 말이 어려운가요? 걱정 마세요. 찬찬히 짚어 보면 그리 어려운 말이 아니에요.

　요즘에는 전라도 지방을 북쪽과 남쪽으로 나누어서 전라북도와 전라남도로 구분해서 불러요. 하지만 조선 시대에는 전라도를 왼쪽과 오른쪽으로, 즉 좌(左)와 우(右)로 나누어 전라좌도와 전라우도로 구분해서 불렀어요.

　수군(水軍)은 오늘날의 해군이고, 절도사는 요즘으로 말하면 한 지역의 사령관이에요. 그러니까 한 지역의 해군 사령관이 수군절도사인 거예요. 따라서 전라좌도수군절도사는 전라좌도 지방의 해군 사령관을 말하는 것이에요.

　전라좌도는 오늘날의 여수 지역이에요. 그러니까 이순신 장군은 여수 지역의 해군을 책임지고 다스리는 지휘관이 된 것이에요.

　전라좌도수군절도사를 줄여서 전라좌도수사, 또는 전라좌수사라고도 불러요. 여기서는 전라좌수사라는 명칭을 사용할 거예요.
 전라좌수사가 머물고 근무하는 곳을 전라좌수영이라고 해요. 전라좌수영의 중심 건물은 국보 304호인 진남관이에요.
 이순신 장군이 근심이 가득한 얼굴로 진남관의 앞뜰을 거닐고 있어요.

  준비를 철저히 해야 하는데?

 이순신 장군은 대체 무엇을 걱정하고 있는 것일까요? 이순신 장군의 머릿속으로 들어가 봐요.

  임진년에 왜군이 우리나라를 쳐들어올 거라는 소문이
  장안에 파다하다.

 임진년은 조선 시대에 널리 사용한 연도예요. 이를 오늘날 우리가 널리 사용하는 연도로 바꾸면 1592년이에요. 조선 시대에는 일본을 왜(倭)라고 불렀어요. 그러니까 왜군은 일본군이에요.
 이순신이 생각을 이어가요.

내가 알아본 바로도, 왜군이 임진년에 큰 전쟁을
일으킬 것이라는 정보는 거의 확실한 것 같다.
이 전쟁을 막아야 하는데?
어떤 좋은 방법이 있을까?

이순신 장군이 준비를 철저히 해야 한다, 라며 고민한 것은 바로 전쟁, 즉 임진년의 큰 전쟁이었어요.
임진년의 큰 전쟁이란 다름 아닌 임진왜란이에요. 임진왜란은 '임진년(1592년)에 왜가 일으킨 난리'란 뜻이에요. 이순신 장군이 임진왜란 동안에 쓴 일기가 바로 그 유명한 '난중일기'이지요.

이순신 장군이 전쟁에 대비하기 시작했어요

전라좌수사가 된 이후, 이순신 장군은 임진년의 큰 전쟁을 막을 방법을 찾느라 하루도 마음 편할 날이 없었어요.

이순신이 생각해요.

임진년의 큰 전쟁을 막아야 하는데…….
아무리 고심하고 또 고심해도
이를 막을 방법이 떠오르지 않는다.
아니, 솔직히 말하면 이 전쟁을 막을 수 없을 것 같다.
전쟁을 일으키겠다는 왜군의 장수,
도요토미 히데요시의 뜻이 워낙 강경해서다.

도요토미 히데요시(豊臣秀吉)는 왜 큰 전쟁을 일으키려고 했을까요? 15~16세기의 일본은 60여 개가 넘는 작은 나라들로 쪼개어져 있었어요. 각각의 나라들은 서로 죽고 죽이는 싸움을 연일 벌였는데, 이 시대를 센고쿠 시대(전국 시대)라고 해요. 센고쿠 시대의 피

비린내 나는 싸움은 100여 년 동안이나 기나길게 이어졌고, 도요토미 히데요시가 이 싸움을 끝맺었어요. 센고쿠 시대의 최종 승자가 도요토미 히데요시인 거예요. 도요토미 히데요시는 스스로를 태양의 아들이라고 부를 만큼 야심이 컸어요.

도요토미 히데요시는 일본을 통일하고 나자 가슴에 담아 두고 있던 야망을 마침내 드러냈어요.

"조선을 치고, 중국 대륙으로 나아가 명나라까지 차지하겠노라!"

이렇게 해서 임진왜란이 일어나게 된 것이에요.

이순신이 생각을 이어가요.

> 왜와의 전쟁을 피할 수 없게 됐다.
> 전쟁을 치르지 않는 것이 최선이겠지만
> 어차피 치러야 할 전쟁이라면,
> 어떻게든 이겨야 할 것이다.

이순신 장군은 왜와의 전쟁에서 승리할 수 있는 갖은 방법을 고민하고 또 고민하기 시작했어요.

이순신의 머릿속으로 들어가 봐요.

왜는 섬나라다.

사방이 바다와 접해 있는 나라인 것이다.
그러다 보니 왜군은 바다에 익숙하고, 수영에 능하다.
이는 수군에게 크나큰 이점이다.
그런데 왜군은 수영에만 능한 것이 아니다.
100여 년 동안의 센고쿠 시대를 겪으면서
사내들은 대를 잇고 이으며 거의 다 전쟁에 동원됐다.
그리하여 자연스레 칼싸움에 능해졌다.
반면 우리의 수군은 어떤가.
세종대왕 시대 이후로 200여 년 가까이 거의 전쟁 없는
태평세월을 보내지 않았던가.

  왜는 고려 시대 말부터 배를 타고 우리나라의 남쪽 지방에 수시로 들락거리면서 먹을 것과 입을 것을 빼앗아가곤 했어요. 왜의 이러한 약탈 행위는 조선 시대 초까지도 이어졌어요. 조선의 왕과 관리들은 왜의 이러한 행동을 더 이상 내버려 뒤선 안 되겠다고 판단했고, 세종대왕은 1419년에 다음과 같은 엄한 명령을 내렸어요.
  "일본의 대마도(對馬島, 일본 이름은 쓰시마)를 정벌하여 왜가 다시는 우리의 영토를 약탈하지 못하게 하라."

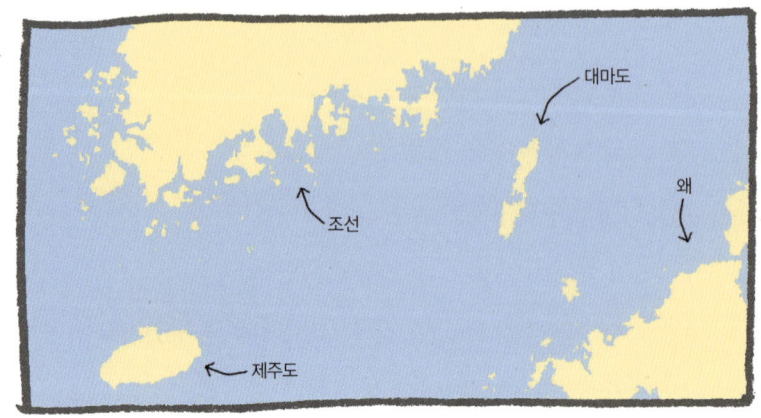

그해 6월, 이종무를 대장으로 한 조선의 병사 1만 7000여 명이 230여 척의 배에 나눠 타고 대마도로 향했어요. 그리고 그들은 다음 달인 7월 대마도를 정벌하고 조선으로 돌아왔어요. 대마도 정벌의 효과는 대단해서 그 후 왜의 침범은 눈에 띄게 줄어들었어요. 그러나 역설적이게도 이것은 조선 수군의 전투력을 저하시키는 결과를 낳고 말았어요.

이순신이 생각을 이어가요.

왜의 수군이 강한 것은 인정한다.
하지만 내가 전라좌수사로 이곳을 이렇게
두 눈 부릅뜨고 지키고 있는 한, 나 이순신은
왜군이 이 땅에 단 한 발짝도 들이지 못하게 할 것이다.

그러나 이것은 마음만으론 이룰 수 없다.

행동으로 옮겨야 한다.

우리 수군은 힘을 강력하게 길러야 한다.

그래야 왜의 침입을 철통같이 막아 낼 수가 있을 것이다.

전라좌수사는 전라좌도의 주요한 지역 5곳을 통치했어요. 순천, 낙안, 보성, 흥양, 광양이 그곳으로, 이를 5관이라고 해요. 그리고 전라좌수사는 전라좌도의 해안 경비를 담당하는 5개의 부대도 통치했어요. 방답진, 여도진, 사도진, 녹도진, 발포진이 그곳으로, 이를 5포라고 해요.

이순신은 5관과 5포를 순시하고 나서 걱정이 앞섰어요. 적의 침입에 대비해야 할 군대라고 하기에는 허술한 점이 적지 않았거든요. 보초가 있어야 하는 곳인데도 보초가 없고, 훈련을 해야 하는 시간인데도 병사들이 온 데 간 데 없고, 심지어 무기를 제대로 관리하지 않아서 녹이 슨 경우까지 있었어요.

이순신 장군은 군기가 바짝 들도록 해이해진 수군의 근무 자세를 바로잡았어요.

"나는 이번에 전라좌수사로 온 이순신이다. 앞으로 상관의 명령에 따르지 않거나, 무기와 배의 관리를 소홀히 하는 자는 엄히 다스리겠다!"

이순신 장군은 강도 높은 훈련을 매일매일 시켰어요. 병사들은 체력과 담력을 키우며, 활쏘기와 검술을 익히고 배웠지요.
이순신 장군은 병사들에게 마냥 고된 훈련만 시키지는 않았어요. 가끔씩 잔치를 열어서 병사들의 기분 전환을 시켜 주기도 했고, 활쏘기 시합을 열어서 우승자에게 포상을 내려 주기도

했어요.

전라좌도의 수군은 이렇게 물샐틈없는 유비무환의 준비를 해 나가면서 새로운 면모를 나날이 갖춰 나갔어요.

이순신이 생각해요.

왜군이 우리의 땅을 한 치도 밟지 못하게 하려면
바다에서 그들을 섬멸시켜야 한다.
이는 우리 병사의 의욕만으로 어렵다.
우리 수군이 바다에서 그 능력을
십분 발휘하게 할 수 있는
튼튼한 배가 있어야 한다.
강력한 전투력을 갖춘 배가 절실한 것이다.
이런 배를 필히 만들어야 한다.
어떻게 만드는 것이 좋을까?

이순신 장군의 머릿속에서는 거북선 아이디어가 이런 식으로 서서히 싹을 틔워 가고 있었어요.

02.

**이순신 장군은
최강의 전투선을 원했어요**

남해의 이점을 살려라

이제 배를 만들어야 해요. 우리나라의 남해 앞바다에서 왜군을 보란 듯이 격퇴시킬 수 있는 최강의 전투선을요.

이런 최강의 전투선을 만들려면 배에 대한 풍부한 지식이 필요해요. 배에 대해서 아무것도 모른 채 최강의 전투선을 만들 수는 없으니까요.

이순신 장군은 나대용과 같은 배 전문가의 조언을 구하기도 하고, 책을 구해 읽기도 하면서 배에 관한 지식을 탄탄히 쌓고 또 쌓았어요. 이순신 장군을 전라좌수사로 추천한 좌의정 류성룡도 책을 보내 주었어요. 이순신 장군은 이것이 큰 도움이 되었다며 1592년 3월 5일의 난중일기에 다음과 같이 적고 있어요.

"좌의정이 편지와 함께 『증손전수방략』이라는 귀한 책을 보내왔다. 바다에서의 전투와 불로 공격하는 전술 등에 관한 내용이 정말로 자세하게 나와 있다. 참으로 보기 드물게 좋은 책이 아닐 수 없다."

이순신 장군은 이렇게 얻은 지식을 최강의 전투선을 제작하는

데 어떻게 활용했을까요? 이순신 장군의 머릿속으로 들어가 봐요.

　　우리가 최고의 배를 제작하려는 것은
　　왜군과의 전투에서 기필코 승리하기 위해서다.
　　전투에서 이기기 위해선 싸울 장소의 지리적 조건을
　　잘 아는 것이 매우 중요하다.

　싸울 장소의 지리적 조건이란, 전투할 장소가 평야인지 산인지 바다인지, 길이 넓은지 좁은지, 오르막인지 내리막인지, 비탈길인지 고갯길인지, 바다가 육지에서 먼지 가까운지, 물살이 센지 약한지와 같은 조건을 말하는 것이에요.
　이순신이 생각을 계속해요.

　　육군이라면 전투할 장소가 들판인지 산골짜기인지
　　사방이 탁 트여 있는지 아닌지, 외길인지 아닌지를
　　아는 것이 중요할 것이다.
　　마찬가지로 수군이라면, 해안에서 먼 곳인지 가까운 곳인지
　　밀물과 썰물의 차이가 큰지 작은지 등을
　　아는 것이 중요할 것이다.
　　우리는 남해의 앞바다에서 왜군과 싸우게 될 것이다.

> 따라서 남해의 지리적 조건을 속속들이 파악하는 것이 굉장히 중요하다.

우리나라의 남해는 여러 가지 특징이 있어요. 섬이 많은 다도해(多島海)이고, 해안선이 구불구불하며, 물길의 흐름이 변화무쌍하고, 물살이 빠른 곳이 곳곳에 있어요. 이런 특징을 잘 아느냐 모르느냐는 바다에서의 전술을 짜는 데 상당히 중요해요. 실제로 이순신 장군은 이러한 특징을 십분 이용해서 왜군과의 전투를 승리로 이끌었어요. 대표적인 예가 명량해전이에요. 이 이야기를 잠깐 하고 넘어갈게요.

이순신 장군은 임진왜란에 참여해 왜군과 싸우면서 단 한 번도 패하지 않고 놀라운 승리를 연거푸 거두었어요. 그 결과 이순신 장군의 명성은 나날이 높아졌어요. 하지만 그럴수록 이순신 장군을 시기하고 모함하는 사람들 또한 늘어갔고, 급기야 칠천량해전을 앞두고는 장군 자리에서 쫓겨나 감옥에 갇히기까지 했어요.

이순신 장군을 내몰고 그 자리에 오른 인물은 원균이었어요. 원균은 칠천량(거제도와 칠천도 사이의 바다)에서 왜군과 맞서 싸우지만 크게 패하고 말았어요. 이 싸움에서 200여 척의 조선 수군 전투선 대부분이 파손되고 침몰됐어요. 칠천량 전투는 우리나라 역사상 최악의 해상 전투였어요.

신에게는 12척의 배가 남아 있습니다

선조 임금은 칠천량해전에서 대패했다는 비통한 소식을 전해 듣고, 이순신 장군을 해군 사령관에 복귀시켰어요. 이때 이순신 장군이 동원할 수 있는 배는 고작 10여 척가량이었어요. 왜군의 배는 수백 척에 이르는데, 겨우 10여 척의 배로 어떻게 싸워 이길 수 있겠느냐며 많은 사람들이 안타까워했어요.

하지만 이순신 장군에게 좌절이나 포기는 있을 수 없었어요. 이순신 장군은 다음과 같은 유명한 말을 남기며 전투에 참가했지요.

"신에게는 아직도 12척의 배가 남아 있습니다."

이순신 장군이 왜군과 맞서 싸울 장소는 울돌목이었어요. 울돌목은 해남과 진도 사이의 좁은 바닷길로, 이곳을 명량이라고도 해요. 물살이 어찌나 빠르고 격한지, 마치 물이 우는 것 같다고 하여 울돌목이라는 이름이 붙었대요. 이순신 장군은 이 울돌목의 지리적 이점을 십분 활용하여 수백 척의 배를 이끌고 나온 왜군을 멋지게 격파했는데, 이것이 그 유명한 명량해전이에요.

전투선의 바닥은 어떤 모양?

이순신 장군은 왜군과의 전투를 승리로 이끄는 데 남해의 지리적 조건을 잘 활용했어요.

그렇다면 이순신 장군은 최강의 전투선을 만들 때 남해의 어떤 지리적 조건을 중요하게 고려했을까요?

이순신 장군의 머릿속으로 들어가 봐요.

우리의 바다는 조수간만의 차이가 크다.

바닷가에 있으면 바닷물이 들어오고 나가는 것을 확인할 수가 있어요. 바닷물이 들어오는 것을 밀물, 나가는 것을 썰물이라고 해요. 밀물 때는 바닷물의 높이가 높아지면서 갯벌이 바닷물로 채워지죠. 반면 썰물 때는 바닷물의 높이가 낮아지면서 바닷물이 빠져나가요. 바닷물에 잠겨 있던 갯벌이 다시 모습을 훤히 드러내는 거예요. 그리고 이러한 밀물과 썰물의 높이 차이를 조수간만의 차이라고 해요. 바닷물이 꽉 찼을 때와 빠져나갔을 때의 높이 차이인 거예요. 이 세상 어느 바다에서나 조수간만의 차이가 있어요. 다른 점이라면 밀물과 썰물의 높이 차이가 크냐 작냐인데, 우리나라의 바다는 이 차이가 크기로 유명하죠.

이순신 장군은 밀물과 썰물의 높이 차이를 최강의 전투선 건조에 십분 적용하려고 하고 있어요.

이순신 장군의 머릿속으로 다시 들어가 봐요.

배가 해안 가까이에 있다.
밀물 때는 배가 물 위에 뜰 것이다.
반면 썰물 때는?
바닷물이 빠져나가면서 배는 서서히 가라앉을 것이다.
그러다가 잠겨 있던 갯벌이 훤히 드러나면서
그 위에 누울 것이다.

그래요. 밀물 때에는 배가 바다 위에 뜨지만, 썰물 때에는 갯벌 위에 눕게 되죠. 이순신 장군은 최강의 전투선을 제작할 때 이 현상을 어떻게 고려했을까요? 이순신 장군이 생각해요.

밀물이 시작되었다.
물이 차오르자 배가 서서히 떠오르기 시작한다.

이때 배의 상태는 어떤가?

바닷물 위에 떠 있는 배가 수평을 유지하는지 아닌지를, 이순신 장군은 스스로에게 묻고 있는 거예요.
이순신이 계속 생각해요.

약간의 흔들림은 있어도 배는 수평을 유지한다.
그렇다면 썰물 때가 되면?
그때도 배는 수평 상태를 유지할까?
아니다, 모든 배가 다 그렇다고 볼 수는 없다.
수평을 유지하는 배도 있겠지만
그렇지 않고 왼쪽이나 오른쪽으로
기우는 배도 있을 것이다.
이렇게 되는 까닭은 무엇일까?

이순신 장군은 여러 종류의 배를 종이에 그려 보았어요. 특히 배의 바닥에 중점을 두면서 그렸어요. 그러고는 그 중에서 3개의 그림을 뽑았어요. 바닥이 쐐기 모양인 배와 둥근 모양인 배와 평평한 모양인 배를요.
이순신 장군은 이 그림을 보면서 생각을 이어가요.

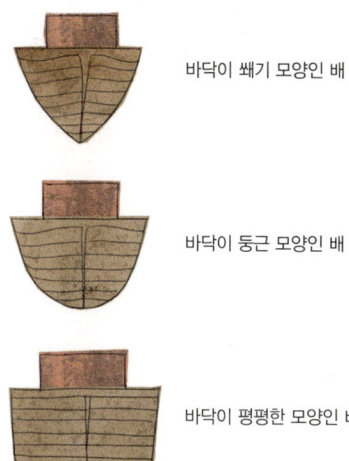

바닥이 쐐기 모양인 배

바닥이 둥근 모양인 배

바닥이 평평한 모양인 배

그렇구나! 원인은 배의 바닥이었어.
배의 바닥이 쐐기 모양에 가까울수록
왼쪽이든 오른쪽이든 한쪽으로 기울어지기가 쉽다.
썰물 때도 배가 수평을 유지하려면 배의 바닥은 평평해야 한다.

이순신 장군은 이것이 최강의 전투선이 갖추어야 할 첫 번째 조건이라고 생각했어요.

최강의 전투선이 갖춰야 할 **첫 번째 조건** : 바닥이 평평해야 한다.

전투선의 바닥이 평평하면

  이순신 장군은 왜 이 조건을 중요하다고 보았을까요? 그야 물론 전투선의 바닥이 평평하면, 여러 가지 이점이 있다고 보았기 때문이에요. 우리는 궁금하지 않을 수 없어요. 그 여러 가지의 이점이란 무엇일까요?

  이순신 장군의 머릿속으로 들어가서 그 답을 찾아 보도록 해요. 이순신 장군이 비상 상황을 상상하고 있어요.

    첩보 병사가 다급하게 전갈을 가져온다.
    왜군이 바다로 공격해 오고 있다는 급보다.
    왜군이 육지에 발을 못 붙이도록 시급히 맞서 싸워야 한다.
    1분 1초라도 빨리 배를 타고 바다로 나아가야 하는 것이다.
    우리 수군이 배가 정박해 있는 해안으로 달려간다.
    썰물 때여서 갯벌이 훤히 드러나 있다.
    어느 배는 왼쪽으로, 또 어느 배는 오른쪽으로
    배들이 저마다 한쪽으로 기운 채로 갯벌에 누워 있다.

배의 바닥이 평평하지 않아서이다.
이렇게 갯벌에 옆으로 누워 있는 배를
그대로 바다로 끌고 나갈 수는 없다.
그랬다간 배 안으로 진흙이 쓸려 들어올 것이고
바다에 닿아서는 바닷물이 배로 들이찰 것이다.
이런 배가 바다에 바로 뜰 수 있을까?
이런 배로 왜군과 맞서 제대로 싸울 수 있을까?
불가능할 것이다.

그래요, 진흙과 바닷물로 가득 찬 배가 바다에 뜨기는 쉽지 않을 거예요. 오히려 가라앉지 않으면 다행이겠지요. 이런 배를 타고 왜군과 맞서 싸워 승리한다는 것은 더더욱 어려운 일일 거예요.
그렇다면 어떻게 해야 할까요?
이순신 장군이 생각해요.

배가 기울어진 상태에서 끌고 나가려니 문제가 생긴다.
문제가 생기지 않게 하려면
기운 배를 수평한 상태가 되도록 해야 한다.
그런 다음에 바다로 끌고 나가야 한다.

이순신 장군의 이 판단은 옳았어요. 그러나 이순신 장군의 얼굴은 밝아지지 않았어요. 이유가 뭘까요?
이순신 장군이 생각을 이어가요.

옆으로 누운 배를 일으켜 세워서
수평이 되도록 해야 하는데……?
한두 명이나 서너 명이 타는 고기잡이배라면
별 문제가 아닐 것이다.

하지만 우리 수군이 타고 나가려는 배는
그 정도의 배가 아니다.
왜군과 맞서 싸워야 하는 전투선이다.
적어도 100여 명 이상의 수군이 타야 하는
큼지막한 전투선인 것이다.

전투선의 크기와 고기잡이배의 크기가 같을 수는 없어요. 또 전투선의 승선 인원과 고기잡이배의 승선 인원이 비슷할 수는 없어요. 전투선에는 노를 젓는 수십 명의 수군, 또 대포를 발사하고 활을 쏘는 수십 명의 수군이 타게 되죠. 실제로 임진왜란 때에 전투선에는 100명에서 200명 사이의 수군이 승선했어요. 이는 우리 수군의 전투선이나 왜군의 전투선이나 마찬가지였어요.

이순신 장군이 생각을 계속해요.

옆으로 누운 거대한 전투선을 일으켜 세워서
수평하게 만들려면 병사들이 한참 애를 써야 한다.
긴급하게 바다로 나가서 왜군과 치열하게 맞서 싸워야 할
수군이 갯벌에서 이렇게 쓸데없는 곳에다
힘을 소모하고 있으면, 어찌 되겠는가?
왜군은 피 한 방울 흘리지 않고 무사통과하듯
우리의 땅을 밟을 것이다.
이는 제대로 된 전투 한 번 해 보지 못하고
지는 것과 다름없다.
이런 일이 일어나선 안 될 것이다.
왜 이런 결과가 나왔는가?
원인은 하나다.

배의 바닥이 평평하지 않다는 단 하나의 이유 때문이다.

전투선의 바닥이 평평하면 썰물이 되어도 배가 옆으로 눕지 않을 것이고, 우리의 수군이 전투선을 세우기 위해 애써 힘을 쓸 필요도 없을 거예요. 왜군이 우리의 남녘땅을 무사통과하듯 밟을 일도 일어나지 않을 테고요.

이처럼 전투선의 바닥이 평평한가 그렇지 않은가는 우리 수군의 승패와 곧바로 연결되는 중차대한 문제였어요. 이순신 장군이 왜 전투선의 바닥이 평평해야 한다고 주장했는지 이젠 알겠죠?

최강의 전투선 바닥이 평평해야 하는 이유 하나 : 조수간만의 영향 받지 않고 전투선이 갯벌에 똑바로 서 있을 수 있다.

전투선이 방향을 바꿀 때

전투선의 바닥이 평평하면 좋은 이유는 또 있어요. 이순신 장군의 머릿속으로 들어가 볼게요.

나, 이순신이 원하는 전투선은 출중한 돌격선이다.
적진 속으로 재빠르게 들어가서 요리조리 방향을 바꾸며
적을 혼란에 빠뜨릴 수 있는 전투선이어야 하는 것이다.
그래야 학익진 같은 다양한 전술을 마음껏 구사할 수가 있다.

학익진은 학이 서서히 날개를 펼치는 것처럼, 적을 양옆으로 에워싸며 공격하는 전술이에요. 이순신 장군은 임진왜란 때에 이 전술을 다양하게 구사하여 조선 수군이 왜군보다 수가 적었는 데도 왜군을 크게 무찌르곤 했어요.

이순신 장군은 임진왜란 때에 전투 상황에 따라 여러 가지 형태로 학익진을 변형해서 사용했는데, 기본적인 모양은 다음과 같은 순서로 진행됐어요.

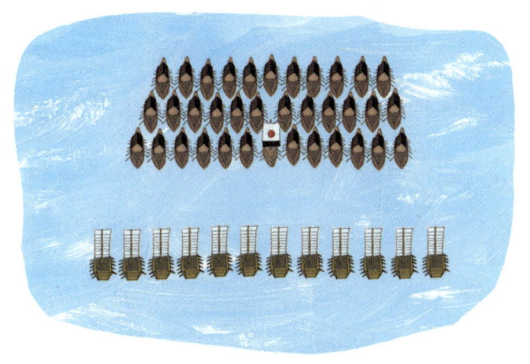

하나. 우리 수군의 전투선이 왜군의 전투선을 마주보며 옆으로 길게 늘어선다.

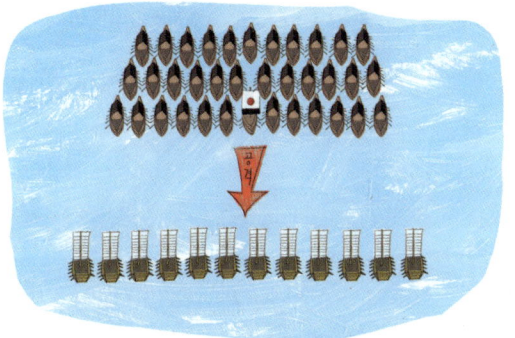

둘. 왜군이 우리 수군 쪽으로 공격해 들어온다.

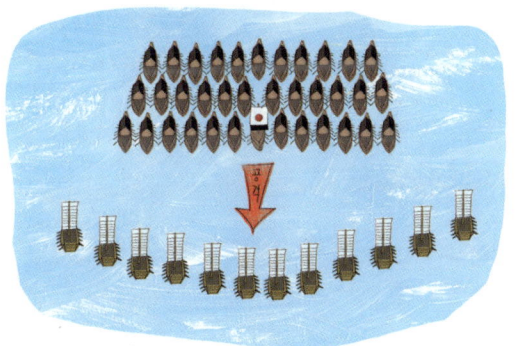

셋. 가운데에 있는 우리 수군의 전투선이 뒤로 약간 빠진다.

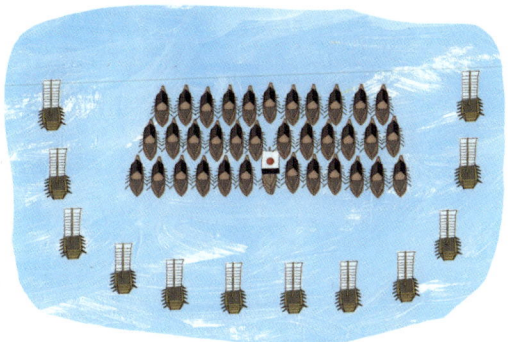

넷. 그와 동시에 좌우 양 끝에 늘어서 있던 우리의 전투선이 앞으로 빠르게 나아가며 반원 모양으로 왜군의 전투선을 둘러싼다.

학익진의 기본 모양을 보면, 학익진을 쓰기 전까지는 왜군의 전투선이 월등히 많아서 우리 수군이 이기기 어려울 듯 보여요. 왜군도 이렇게 예측하고 그대로 공격해 들어오지만, 이때를 기다렸다가 학익진 전술로 왜군을 포위하죠. 학익진이 마무리 되고 난 뒤의 상황이 어떤가요? 세력이 약해 보였던 우리 수군이 오히려 왜군을 가운데 놓고 공격하는 모양으로 변해 버렸어요. 이순신 장군의 지혜가 놀라울 따름이에요.

이순신 장군이 생각해요.

우리의 전투선이 학익진 같은 전술을 쓰면서 적진을 교란시키려면 방향 전환은 필수이다.

전투선은 곧게 나아가다가 갑자기 왼쪽으로 방향을 틀어야 할 때도 있을 것이고, 오른쪽으로 방향을 돌려야 할 때도 있을 것이

고, 180도 방향 전환을 할 때도 있을 것이고, 360도 회전을 할 때도 있을 거예요.

이순신 장군이 생각을 계속해요.

전투선은 이럴 때 밖으로 쏠리는 힘을 받는다.

전투선이 방향을 바꾸거나 회전할 때에는 밖으로 향하는 힘을 자연스레 받게 되는데요, 이 힘을 원심력이라고 해요.

원심력은 전투선이 방향을 바꾸거나 회전할 때에만 생기는 힘이 아니에요. 사람이 회전할 때도, 자동차가 방향을 틀 때도, 전투기가 곡예 비행을 할 때도, 바퀴가 구를 때도 예외 없이 원심력이 생겨요. 이 세상 모든 것이 방향을 바꾸거나 회전할 때에는 원심력이 생기죠. 놀이동산에서 회전목마 같은 놀이기구를 타면 몸이 회전목마 바깥으로 튀어나갈 것 같은 느낌을 받잖아요? 이것은 다 원심력 때문이에요.

원심력은 방향을 빠르게 바꾸고, 회전을 빨리 할수록 더욱 강해지는데요, 이순신 장군의 생각을 계속 따라가 봐요.

전투선이 방향 전환을 빠르게 하면 할수록
밖으로 쏠리는 힘은 더욱 거세진다.

이 힘이 세면 셀수록 전투선은 더 기울어지기가 쉽다.
심한 경우에는 전투선이 옆으로 눕거나
아예 뒤집어질 수가 있다.
이런 일은 전투선의 바닥이 쐐기 모양에
가까울수록 잘 일어날 것이다.
전투선이 방향을 바꿀 때마다 매번 이런 일이 일어날 것을
고민해야 한다면 어떻겠는가?
전투에 전념하기 어려울 것이다.
학익진 같은 전술을 구사하기 어려울 것이다.
그러면 왜군과의 전투는 쉽지 않은 싸움이 될 것이다.
아니, 백전백패할 가능성이 높다고 볼 수 있다.
이런 결과가 나와선 안 될 것이다.
왜 이런 결과가 나왔는가? 원인은 단 하나다.
배의 바닥이 평평하지 않다는 단 하나의 이유 때문이다.

이순신 장군이 원하는 최강의 전투선 바닥이 왜 평평해야 하는지 또 하나의 이유를 이젠 알겠죠?

최강의 전투선 바닥이 평평해야 하는 이유 **둘** : 방향을 바꾸고 회전할 때에도 전투선이 기울거나 뒤집어지지 않는다.

전투선이 대포를 발사할 때

전투선의 바닥이 평평하면 좋은 중요한 이유는 하나 더 있어요. 이는 대포와 연관이 있어요.

이순신 장군은 최강의 전투선에 대포를 여럿 실었어요. 대포를 발사해서 왜의 수군을 효과적으로 공격하기 위해서였죠. 이는 실제로 굉장한 효과를 거두었어요. 최강의 전투선에 설치한 대포의 종류와 그 효과에 대해서는 이 책의 뒷부분에서 다룰 거예요.

이순신 장군의 머릿속으로 들어가 봐요.

 대포를 발사하면 뒤로 쏠리는 힘을 받는다.

여러분은 영화나 텔레비전에서 탱크가 포를 발사하는 장면을 본 적이 있을 거예요. 그때 탱크가 어떻게 되죠? 제자리에 가만히 있는 게 아니라, 뒤로 밀려요. 반작용이 일어났기 때문이에요. 탱크가 대포알을 발사한 것이 작용이라고 하면, 대포알이 날아가는 방향의 반대쪽으로 반작용이 나타나는 거죠. 이를 '작용과 반작용의 법칙' 또는 '뉴턴의 제3법칙'이라고 해요.

반작용의 힘은 작용의 힘과 똑같아요. 대포알을 날려 보낸 힘과 똑같은 힘이 반대쪽으로 생기는 거예요. 탱크가 밀리는 것만 봐도 반작용의 힘이 작지 않으리라는 것을 쉽게 알 수가 있어요.

이순신 장군이 생각해요.

대포 발사 후 배가 밀리는 힘은 적잖다.
이 반발력이 상당하기에
전투선의 바닥이 쐐기 모양이나 둥근 모양인 경우
전투선은 기울거나 뒤집어질 수가 있다.
이런 사태가 일어나선 안 될 것이다.
왜 이런 결과가 나왔는가?
원인은 단 하나다.
전투선의 바닥이 평평하지 않다는 단 하나의 이유 때문이다.

대포 발사 후 배가 밀리는 현상, 이것은 최강의 전투선 바닥이 왜 평평해야 하는지 그 세 번째 이유를 알려 줘요.

최강의 전투선 바닥이 평평해야 하는 이유 셋 : 대포의 반작용으로 생기는 흔들림의 영향을 적게 해 준다.

03.

**최강의 전투선을
머릿속으로 그려 보았어요**

수군이 뒤섞여 있으면

이순신 장군이 원하는 최강의 전투선의 바닥은 평평한 모양으로 정해졌어요. 이제부터는 최강의 전투선의 모양새를 하나하나 갖춰 나가야 하는데요. 이는 수군의 배치와 직접적인 관련이 있어요.

전투선에 승선하는 수군은 둘로 나눌 수가 있어요. 노를 젓는 수군과 대포를 발사하고 활을 쏘는 전투 수군으로요.

이순신 장군의 머릿속으로 들어가 봐요.

수군이 배에 오른다.
수군은 각자의 맡은 바 역할에 충실할 수 있어야 한다.
노를 젓는 수군은 노를 젓는 일에
전투 수군은 전투하는 데에 집중할 수 있어야 하는 것이다.
그런데 노를 젓는 수군과 전투 수군이
한 공간에 뒤섞여 있다면 어떨까?
각자의 맡은 바 임무를 충실히 해내기 어려울 것이다.

노를 젓는 수군이 노를 열심히 저으려는데, 전투 수군이 그 옆에서 대포를 발사하려 한다거나 활을 쏘려 한다면, 노를 제대로 젓기 어려울 거예요. 마찬가지로 전투 수군이 대포를 발사하고 활시위를 당기려고 하는데, 노를 젓는 수군이 그 사이에 끼어들어서 노를 저으려고 하면, 대포와 화살을 제대로 명중시키기 힘들 거예요.

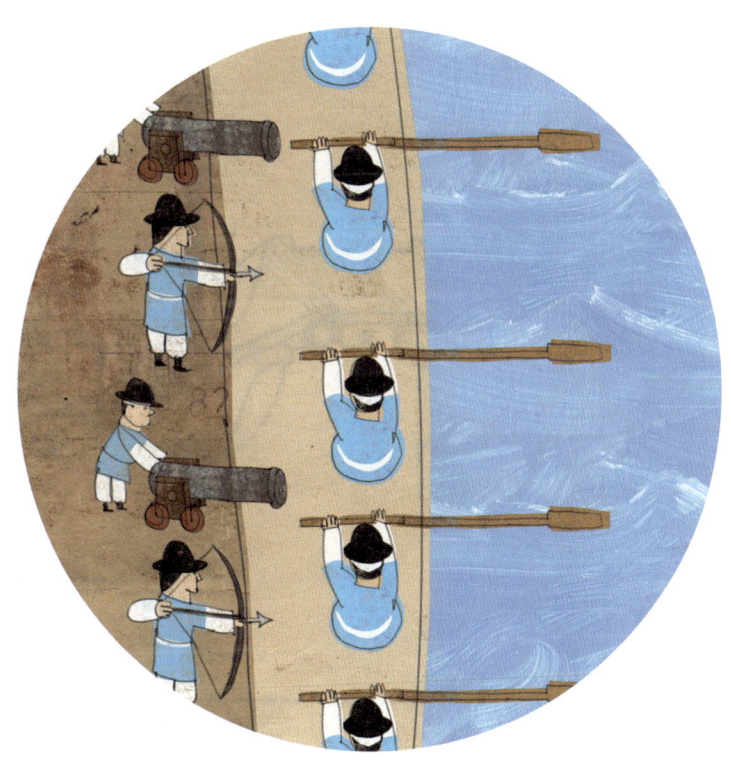

수군을 따로따로

이순신 장군이 생각해요.

노를 젓는 수군과 전투 수군이 한 곳에 모여 있다는 것은
누가 보아도 효율적이지 않다.
왜군과의 전투에서 승리하려면 이 문제를 반드시
해결하고 넘어가야 한다.
어떤 방법이 좋을까?
그렇다, 노를 젓는 수군과 전투 수군이
한데 섞여 있어서 문제가 생겼으니
이들을 따로따로 떼어 놓으면 될 것이다.
노를 젓는 수군은 노를 젓는 수군끼리
전투 수군은 전투 수군끼리.

여러분은 노를 젓는 수군과 전투 수군을 따로따로 떼어 놓는 방법으로 어떤 방법을 구상하고 있나요? 이순신 장군은 어떤 방법을

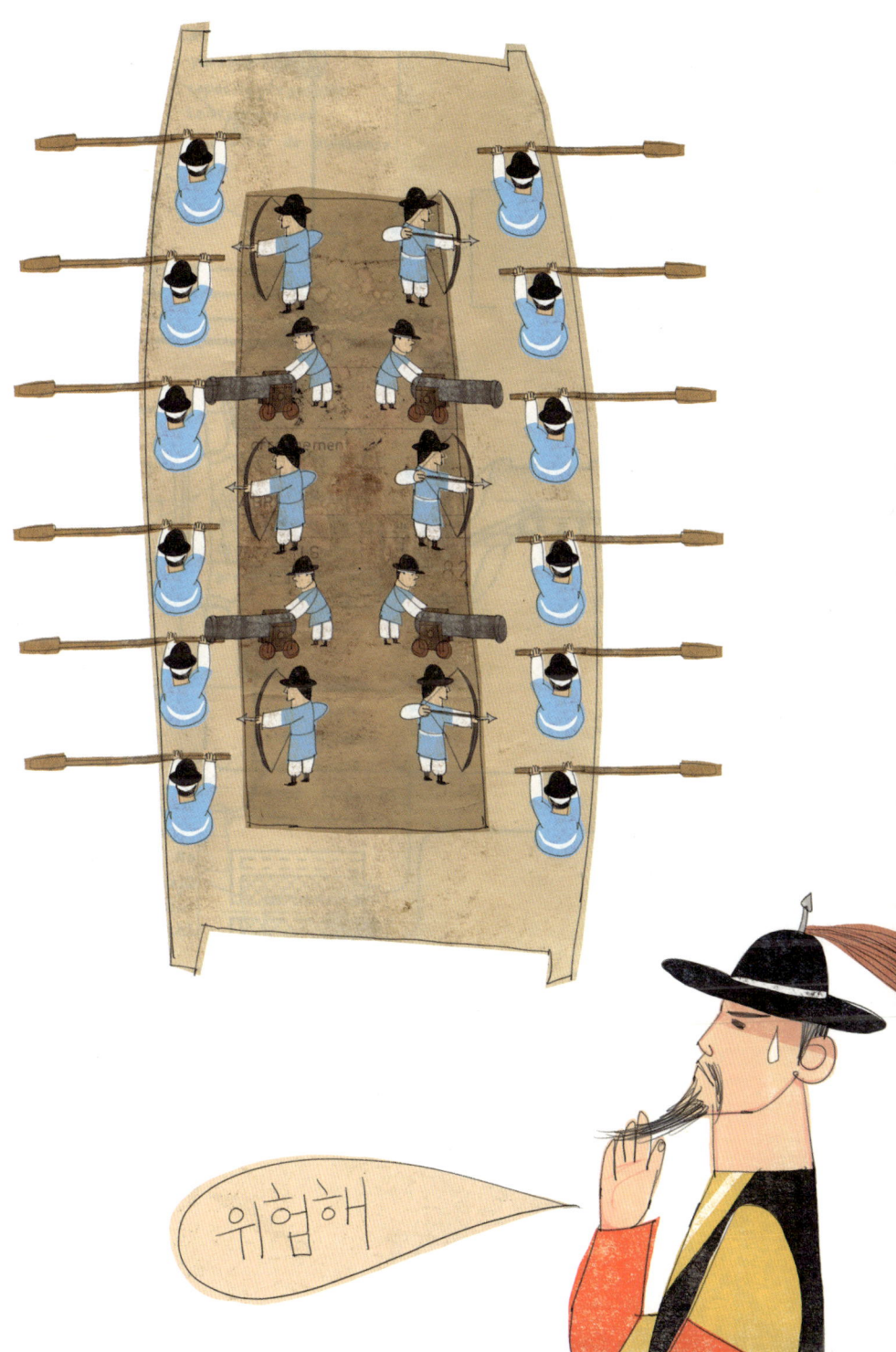

떠올렸을까요?

  이순신 장군의 머릿속으로 들어가 봐요.

  배의 어디에 노가 설치돼 있는가?
  배의 중앙인가, 가장자리인가?
  배의 양쪽 가장자리이다.
  그러니 이곳에 노를 젓는 수군을 배치하는 것이 합당할 것이다.
  노를 젓는 수군의 위치가 배의 가장자리로 정해졌으니
  전투 수군의 위치는 배의 중앙이 될 수밖에 없다.

전투 수군이 배의 중앙에 있으면

　이순신 장군이 배의 가장자리에 노를 젓는 수군, 배의 중앙에 전투 수군을 배치한 그림을 골똘히 쳐다보고 있어요. 그런데 이순신 장군이 마뜩찮다는 듯 연신 고개를 갸웃갸웃하고 있네요. 이유가 뭘까요?

　이순신 장군의 머릿속으로 들어가 봐요.

　　전투 수군의 생명은 명중률이다.
　　왜의 배를 정확히 맞혀야 하고
　　왜군을 정확히 맞혀야 한다.
　　백발백중이 최상의 목표가 되어야 하는 것이다.
　　그런데 전투 수군이 배의 중앙에서
　　대포를 발사하고 활을 쏜다면,
　　이런 목표가 실현될 수 있을까? 어려울 것이다.
　　명중률은 현저히 떨어질 것이다.
　　명중률만 현저히 떨어지는 것이 아니다.

노를 젓는 우리 수군에게 자칫 부상을 입힐 우려까지 있다.

이런 일이 일어나선 안 될 것이다.

이런 일이 실제로 일어난다면 어찌 될까요? 우리 수군은 왜군과 싸워 보기도 전에 스스로 무너져 버릴 수도 있을 거예요. 왜군을 공격해야 할 우리 수군의 대포와 활이 오히려 우리 수군을 공격하는 꼴이 될 수도 있으니까요.

전투 수군이 가장자리로 가면

이순신 장군의 머릿속으로 또 들어가 봐요.

왜 이런 원치 않는 결과가 나왔을까?
전투 수군의 위치 때문이다.
전투 수군이 배의 중앙에서 대포를 발사하고
활을 쏘기 때문이다.
이런 결과가 나오지 않게 하려면
전투 수군의 위치를 옮겨야 한다.

우선 떠오르는 것이 전투 수군을 배의 중앙에서 배의 가장자리로 이동시키는 것이에요. 이는 하등 어려운 일이 아니에요. 그러나 이순신 장군은 이를 선뜻 실행에 옮기지 못하고 있어요. 무엇이 이순신 장군을 고민하게 만든 걸까요?
이순신 장군이 생각해요.

전투 수군이 배의 가장자리로 가면
대포도 그쪽으로 끌어다 놓아야 하고
활도 그쪽에서 쏴야 한다.
이 모양은 전투 수군과 노를 젓는 수군이
한 공간에 뒤섞여 있는 꼴이다.

그래요, 전투 수군이 배의 가장자리로 이동하면, 노를 젓는 수군 사이사이에 대포를 억지로 밀어 넣어야 하고, 노를 젓는 수군 사이사이를 비집고 들어가서 대포를 발사하고 활을 쏴야 해요. 이런 상태에서 노를 젓는 수군이 편하게 노를 저을 수는 없어요. 노를 자유자재로 젓지 못하면, 전투선은 적진 속에서 마음껏 움직일 수가 없어요. 도망치는 왜군을 맘대로 추격하기 힘들어질 거예요. 빠른 방향 전환은 기대하기 어려울 거예요. 학익진 같은 전술을 펼친다는 것은 꿈도 꾸지 못할 거예요.

이뿐이 아니에요. 대포로 왜군의 배를 정확히 맞히려면 조준을 잘해야 해요. 그런데 노를 젓는 수군 사이사이에서 대포를 발사하면 그러기가 어려워요. 노를 젓는 수군의 움직임 때문에 대포는 흔들릴 것이고, 전투 수군의 자세는 흐트러질 거예요. 활도 마찬가지예요. 활의 명중률을 높이려면, 전투 수군이 중심을 바로잡고 활을 쏴야 해요. 그런데 전투 수군이 노를 젓는 수군 옆에서 활을 쏘면 노를 젓는 수군의 움직임 때문에 흔들림 없이 활

시위를 당기기가 쉽지 않을 거예요. 전투 수군의 대포와 화살이 왜군의 배를 맞히지 못하고 왜군을 맞히지 못하면, 어떻게 전쟁에서 승리할 수 있겠어요.

이렇듯 노를 젓는 수군이 있는 배의 가장자리로 전투 수군을 옮기면, 승패를 좌지우지할 만큼의 심각한 문제가 발생하게 돼요. 그래서 이순신 장군이 선뜻 전투 수군을 배의 가장자리로 이동시키지 못하고 깊은 고민에 빠진 거예요.

하지만 그렇다고 해서 전투 수군을 배의 중앙에 그냥 그대로 놔둘 수는 없어요. 이는 앞에서 보았듯이 전투에 지는 것이나 마찬가지이기 때문이에요.

별거 아닐 것 같은 수군의 배치가 점점 수렁으로 빠져드는 기분이에요. 왜군과의 전투에서 승리하려면 어떻게든 이 문제를 슬기롭게 해결해야 하는데요, 이순신 장군은 이를 어떻게 풀어 냈을까요?

노를 젓는 수군과 전투 수군이 수시로 교대하면

이순신 장군이 생각해요.

아, 고민이구나!
왜군과의 전투에서 반드시 승리해야 하는데…….
그러자면…….
노를 자유자재로 저을 수가 있어야 하는데…….
대포와 활을 흔들림 없이 발사하고 쏠 수가
있어야 하는데…….
전투 수군은 배의 가장자리에 있어야 하는데…….
아, 뾰족한 방법이 쉬이 떠오르지 않는구나.
노를 젓는 수군이나 전투 수군 모두 다
배의 가장자리에 배치하는 방법은 없는 걸까?

이순신 장군이 지그시 눈을 감고 생각에 잠겼어요. 얼마나 지났을까, 이순신 장군의 입에서 나직이 탄성이 흘러나왔어요.

오, 있구나 있어. 방법이 있어!

이순신 장군이 찾은 방법은 과연 무엇일까요?
이순신 장군의 머릿속으로 들어가 봐요.

노를 젓는 수군과 전투 수군을 배의 가장자리에
배치하는 방법으로 두 가지가 있다.
하나는 노를 젓는 수군과 전투 수군이 수시로 자리를
교대하는 것이다.
전투 수군이 공격할 준비가 되면
노를 젓는 수군이 노 젓기를 멈추고 자리에서 빠져나온다.
그러면 전투 수군이 그 자리에서 대포를 발사하고
활을 쏘는 것이다.

이 방법대로 하면, 노를 젓는 수군과 전투 수군 모두 배의 가장자리에서 노를 젓고, 대포를 발사하고, 활을 쏠 수가 있어요.
하지만 여기에는 치명적인 약점이 있어요. 대포를 발사하고 활을 쏘는 동안에 노를 저을 수가 없다는 거예요.
이순신 장군이 생각을 이어가요.

나, 이순신이 원하는 배는
강력한 전투력을 갖춘 돌격선이다.
바다 위에서 빠르게 전후좌우로 방향을 바꾸면서
대포를 발사할 수가 있는 전투선이어야 한다.

90도, 180도, 360도 회전을 하면서도
화살을 쏠 수 있는 전투선이어야 하는 것이다.
그래야만 다양한 전술을 마음껏 구사하며
적을 혼란스럽게 뒤흔들어 놓을 수가 있다.
그런데 대포를 발사하고 활을 쏘는 동안에
노를 젓지 못한다면 이렇게 할 수가 없다.
내가 원하는 최강의 돌격선이 못 되는 것이다.
이 방식은 어렵겠구나.

노를 젓는 수군은 아래로, 전투 수군은 위로

노를 젓는 수군과 전투 수군이 수시로 자리를 교대하는 방식은 채택하기 어려워졌어요. 그렇다면 또 어떤 방법이 있을까요? 이순신 장군이 생각해요.

노를 젓는 수군과 전투 수군이 배의 가장자리에
있을 수 있는 다른 방법은 층을 올리는 것이다.
2층짜리 배를 만드는 것이다.
아래층에는 노를 젓는 수군을 배치하고
위층에는 전투 수군을 배치하는 것이다.
그러면 노를 젓는 수군이 노를 젓는 동안에도
전투 수군은 배의 가장자리에서 대포와 화살을
마음껏 발사하고 쏠 수가 있을 것이다.

이것이 바로 이순신 장군이 찾아낸 묘안이자, 최강의 전투선이 갖춰야 할 두 번째 조건이에요.

최강의 전투선이 갖춰야 할 **두 번째 조건** : 전투선의 1층에는 노를 젓는 수군, 2층에는 전투 수군을 배치한다.

나무 판자로 막아라

　노를 젓는 수군과 전투 수군을 배치하는 방식이 결정됐어요. 노를 젓는 수군은 아래층에, 전투 수군은 위층에 배치하는 거죠.
　다음은 무엇을 고민해야 할까요? 여러분이라면 무엇을 고민할 건가요? 이순신 장군은 무엇을 심사숙고했는지 그의 머릿속으로 들어가서 알아봐요.

우리 수군의 목표는 왜군과의 전투에서 이기는 것이다.
하지만 큰 피해를 입고 승리하는 것은 바람직하지 않다.
승리하더라도 피해를 최소로 해야 한다.
그런데 우리 수군이 노출돼 있다면 적의 공격에
당하기 쉬울 것이다.
이를 보완해야 한다.
어떻게 하는 것이 좋을까?

여러분이라면 우리 수군의 피해를 최소화하는 방법으로 무엇을 추천하고 싶은가요? 이순신 장군이 생각한 방법은 이것이었어요.

그래, 나무 판자로 사방을 막는 거야!

이것이 최강의 전투선이 갖춰야 할 세 번째 조건이에요.

최강의 전투선이 갖춰야 할 **세 번째 조건** : 노를 젓는 수군과 전투 수군이 있는 1층과 2층을 나무 판자로 막는다.

이순신 장군이 생각을 이어 나가요.

> 2층에 한 층을 더 올린다.
> 그곳을 사령부로 정한다.
> 그곳에서 나 이순신과 여러 장수들이 지휘하면
> 일사불란한 명령 체계가 이루어질 것이다.
> 이는 우리 수군의 승리로 이어질 것이다.

이렇게 해서 최강의 전투선에 대한 이순신 장군의 구상이 마무리되었어요.

조선왕조실록으로 보는 거북선 ①

유네스코 세계기록유산인 조선왕조실록에는 거북선의 활약상과 그 모양을 기록해 놓았어요. 임진왜란이 일어났던 1592년, 거북선의 활약상을 한번 볼까요?

"왜적들이 과연 배를 타고서 추격해 왔다. 아군은 거북선으로 돌진하여 먼저 크고 작은 총통(銃筒)들을 쏘아 대어 왜적의 배를 모조리 불살라 버리니, 나머지 왜적들은 멀리서 바라보고 발을 구르며 울부짖었다." (선조실록 27권, 선조 25년 6월 21일)

"사면을 판옥(板屋)으로 꾸미고 형상은 거북 등 같으며 쇠못을 옆과 양 머리에 꽂았는데, 왜선과 만나면 부딪치는 것은 다 부서지니, 수전에 쓰는 것으로는 이보다 좋은 것이 없습니다." (선조실록 82권, 선조 29년 11월 7일)

충무공 종가 거북선.

太廟 景慕宮展拜○召見前統制使李濟 上詢營弊仍問軍總何如濟曰
爲萬餘名節制營陸頗勝矣 上曰閑水操時有紅令旗耶 皇朝所賜李舜
臣者也至今有之否濟曰然矣 上曰戰船幾隻濟曰大小船隻爲五百六十
餘隻而汲水小船過半矣 上曰李舜臣平倭於何地濟曰閑山島矣 上曰
地形何如濟曰閑山爲海門咽喉而自前面視之則若有通海之路入其中則
四面皆阻其時倭軍至於鑿山欲出而旋以巖石之露出不得更鑿終爲陷沒
於此矣 上曰龜船有之否濟曰有之其形如龜可容千餘名兵海無楫如龜
之浮烟生口鼻中至今漂倭見之相驚曰此擒人之械云矣 上曰李舜臣事
蹟在於何書承旨朴宗熏曰詳載於忠武公全書矣 上曰統營民至今思舜
臣否濟曰忠武公之後民皆衣素至今流傳雖女子皆着素裳矣 上曰子孫
在朝者誰濟曰如李仁秀李升權皆其子孫也○戊申○己酉停諸道春操行
三南水操於前洋○庚戌○辛亥○壬子京各司各營進丁卯會計簿
相亮爲慶尚右道兵馬節度使○癸丑詣 奉謨堂展拜○甲寅○乙卯○丙

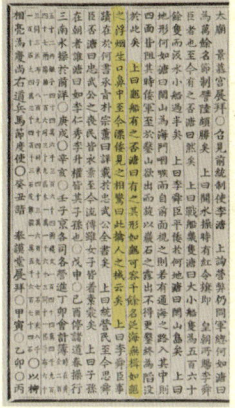

한산도에서 일어난 전투에서
이순신 장군은 왜적을 크게 격파했어요.
왜적이 발을 구르며 울부짖는 소리가 들리는 것
같지 않나요?
이때 승리를 이끈 주역은 바로 거북선이었어요.
왜적은 거북선을 정말 두려워했는데,
그래서 왜적은 거북선을 '사람을 사로잡는 기계'
라고 불렀대요.

"노 없이 바다에 떠다니는 것이 마치 거북이 떠 있는 것 같으며, 입과 코에서 연기가 나오므로 지금도 표류해 온 왜인(倭人)이 이를 보면 서로 놀라서 말하기를, '이것은 사람을 사로잡는 기계이다'라고 한다 합니다."
(순조실록 11권,
순조 8년 1월 10일)

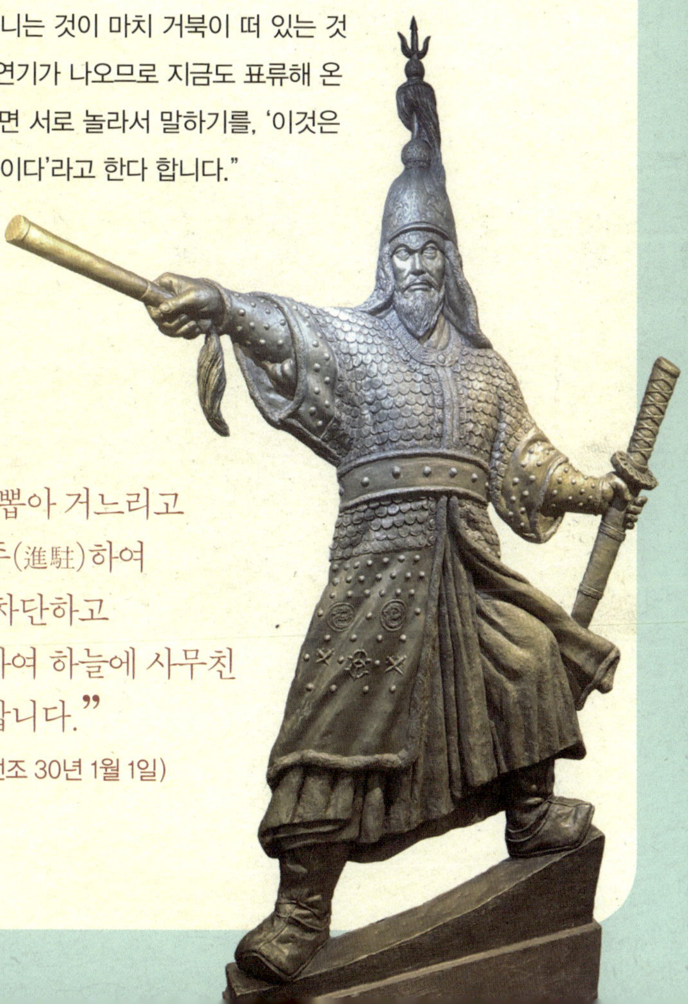

"신(臣)이 수군을 뽑아 거느리고
부산 근처로 진주(進駐)하여
적이 오는 길을 차단하고
일사의 결전을 하여 하늘에 사무친
치욕을 씻고자 합니다."
(선조수정실록 31권, 선조 30년 1월 1일)

04.

위풍당당
거북선이 완성되었어요

기본 뼈대는 판옥선

최강의 전투선이 갖춰야 할 세 가지 조건은 다음과 같아요.

첫 번째 조건 : 전투선의 바닥은 평평하다.
두 번째 조건 : 노를 젓는 수군과 전투하는 수군을 다른 층에 배치한다.
세 번째 조건 : 노를 젓는 수군과 전투 수군이 있는 곳을 나무 판자로 막는다.

이제부터는 이 세 가지 조건을 바탕 삼아서 물샐틈없는 최강의 전투선을 구체적으로 제작해 나갈 거예요.
이순신 장군이 생각해요.

최강의 전투선은 치밀하게 설계도를 짜서
오랜 시간을 두고 차근차근 만드는 것이 최선이다.
하지만 지금은 그럴 수 있을 만큼 한가롭지 않다.

이런 여건에서 고려할 수 있는 최선의 선택은
기존의 배를 이용해서 전투선을 제작하는 것이다.
최강의 전투선이 갖춰야 할 세 가지 조건을 충족하는
배를 찾아야 하는 것이다.

이순신 장군은 세 가지 조건을 충족하는 배를 찾았을까요? 찾지 못했다면 정말 큰일이었을 텐데 천만다행하게도 그런 배를 찾았어요. 그 배는 판옥선이란 배였어요.

『각선도본』이라는 책이 있어요. 조선 시대의 배들을 모아서 그림으로 담아 놓은 책인데, 이 책에 판옥선이 그려져 있어요.

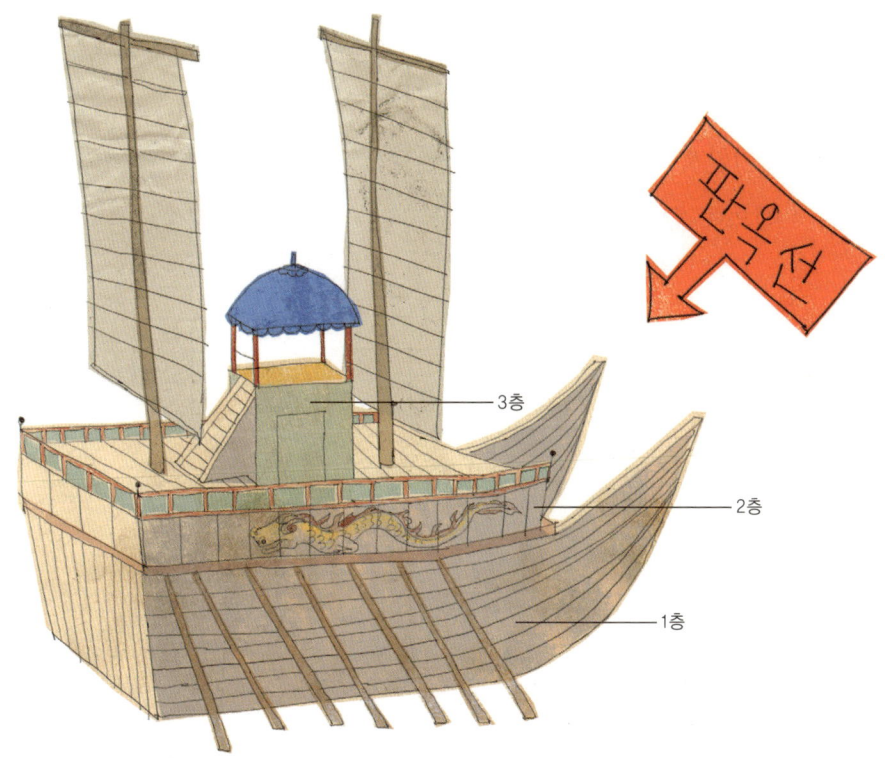

판옥이란 나무 판자로 지은 집을 말해요. 흔히 판잣집이라고 하죠. 그래서 판옥선은 판옥을 설치한 배라는 뜻이 되는 거예요.

 이순신 장군이 우리의 수군을 안전하게 보호하기 위해서 1층과 2층을 나무 판자로 막았잖아요? 이것을 판옥이라고 보면 되는 거예요.

 『각선도본』에 나오는 판옥선과 이순신 장군이 구상한 전투선의 기본 모양을 비교해 보세요. 노를 젓는 수군이 타는 1층, 전투 수군이 타는 2층, 지휘관이 타는 3층으로 이루어진 것이 다르지 않아요.

 이순신 장군이 찾던 배는 바로 판옥선이었던 것이에요.

 이순신 장군이 두 주먹을 불끈 쥐며 말했어요.

 그래, 최강의 전투선을 제작하는 데, 판옥선을 이용하는 거야!

 이렇게 해서 이순신 장군이 원하는 전투선의 기본 뼈대는 판옥선으로 정해졌어요.

어떤 나무를 사용할까

 판옥선은 외국에서 수입한 배가 아니에요. 조선의 13대 왕인 명종 임금 시대에 우리나라의 기술자들이 우리의 손으로 직접 만든 배예요. 이러한 배를 한선(韓船)이라고 해요. 한선은 '한국의 배'라는 뜻으로, 우리나라의 전통적인 배를 가리키죠.

 한선의 주요한 특징 중의 하나가 바로 배의 바닥이 평평하다는 거예요. 반면에 일본의 배는 배의 바닥이 평평하지 않아요. 일본의 수군이 임진왜란 때에 주요하게 사용한 것으로 안택선이라는 배가 있어요. 이것의 바닥을 보면 평평하지 않고 V자 모양으로 뾰족해요.

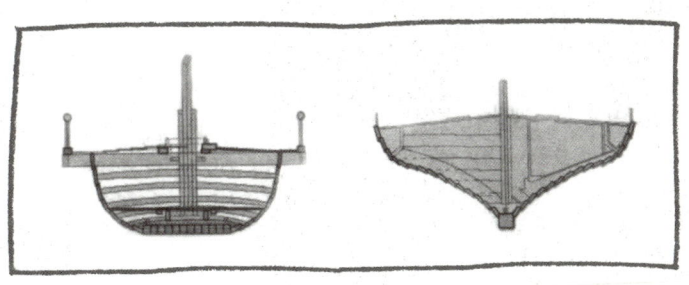

판옥선은 바닥이 평평했지만, 안택선의 바닥은 V자 모양으로 뾰족했어요.

요즈음 우리나라의 강가에 띄운 배의 바닥을 보면, 바닥이 평평하지 않고 V자 모양에 가까워요. 한선의 고유한 특징을 보이지 않고 일본 배의 특징을 보이고 있는 것이죠. 우리의 배는 왜 한선의 고유한 특성을 잃어 버리고 만 것일까요? 이는 일제강점기 시대를 거치면서 한선의 전통이 이어지지 못했기 때문이에요.

자, 이제부터 판옥선을 이용해서 이순신 장군이 원하는 최강의 전투선을 구체적으로 만들어 나가 보겠어요.

이순신 장군이 생각해요.

전투선의 기본 골격이 갖추어졌다.
여기에 살을 붙여야 한다.
전투선에 붙일 살은 나무다.

오늘날에는 군함이나 항공모함 같은 전투선을 만드는 데 나무를 거의 사용하지 않아요. 알루미늄, 스테인리스, 철 같은 금속을 주로 사용하죠. 하지만 조선 시대에는 금속으로 배를 만드는 기술이 부족해서 나무를 사용할 수밖에 없었어요.

이순신 장군이 생각을 이어가요.

나무를 구해 와야 한다.
하지만 아무 나무나 가져다가 전투선을 만들 수는 없다.
최강의 전투선은 적진 속으로 세차게 파고들어 가서
적을 혼란스럽게 할 수 있는 남다른 돌격 능력이 있어야 한다.
돌격을 거세게 하다 보면 왜군의 배와
잦은 충돌을 하게 될 것이다.
이때 우리의 전투선이 쪼개지거나 부서져 버리면
최강의 전투선이라고 할 수 없다.
웬만한 충돌에는 끄떡도 하지 않는 나무,
그런 나무로 전투선을 제작해야 한다.
어떤 나무가 적당할까?

이순신 장군은 우리나라의 산과 들에 널리 퍼져 있는 나무의 종류와 단단한 정도를 알아 보았어요.

이순신 장군이 생각을 계속해요.

참나무가 좋겠다.
참나무는 구하기 쉽고 단단하기도 최상층에 속하는 나무다.

참나무는 도토리가 열리는 나무로, 단단하기로 따지면 둘째가라면 서러워할 정도예요. 물론 가장 단단하진 않아요. 다듬이 방망이를 만드는 박달나무가 참나무보다 단단해요. 하지만 구하기는 참나무가 더 쉬워요. 참나무는 평야이건 산이건 아무 데서나 볼 수 있지만, 박달나무는 평균 500~600미터 이상의 높은 산에서만 주로 볼 수 있거든요.

이순신 장군이 주먹을 불끈 쥐었어요.

그래 참나무를 사용하자.
참나무로 최강의 전투선을 만드는 거야.

왜군의 배보다 더 강하려면

이순신 장군의 표정이 환해졌어요. 그러나 잠시뿐이었어요. 일순 이순신 장군의 얼굴에 난감한 표정이 드리워졌어요. 이유가 뭘까요?

이순신 장군의 머릿속으로 들어가 봐요.

참나무를 사용할 수만 있으면 더없이 좋으련만
안타깝게도 여기에는 옥에 티가 있구나!
참나무가 단단한 것은 나무의 속이 꽉 차 있기 때문이다.
나무의 속이 꽉 차 있으면 무겁다.
참나무는 단단하기도 하지만 무겁기도 한 것이다.
그래서 참나무로 제작한 전투선은 무거울 수밖에 없다.
전투선이 무거우면 빨리 나아가기 어렵다.
이는 적진 속으로 들어가서 재빠르게 종횡무진해야 하는
돌격선에게 치명적이다.
전투선을 제작하는 데 참나무만 사용하는 것은

적당하지 않을 수 있다.

그렇다면 참나무 외에 또 다른 나무를 사용해야 한다는 건데? 어떤 나무가 좋을까?

이순신 장군은 이 문제를 고민하면서 '지피지기 백전불태(知彼知己 百戰不殆)'라는 고사성어를 떠올렸어요. 상대를 알고 나를 알면, 백 번 싸워도 위태롭지 않다는 뜻이에요. 이 고사성어로부터 우리에게 익숙한, 적을 알고 나를 알면 백 번 싸워서 백 번 이긴다는 '지피지기 백전백승(知彼知己 百戰百勝)'이라는 말이 생겨났어요.

임진왜란 때에 이 고사성어를 누구보다 잘 실천한 사람이 바로 이순신 장군이에요. 이순신 장군은 왜군에 붙잡혀갔다가 도망쳐 나온 조선 사람, 왜에서 조선으로 귀화한 일본 사람, 우리의 첩보원 등으로부터 왜군에 대한 중요한 정보를 수집했어요. 이 중에 왜군의 배에 대한 내용도 있었어요.

이순신 장군이 생각을 이어가요.

'지피지기 백전불태'라고 했다.
나와 상대방의 강점과 약점을 두루 알고 싸움에 임하면
능히 이길 수 있을 것이다.
이것은 최강의 전투선을 제작하는 데에도

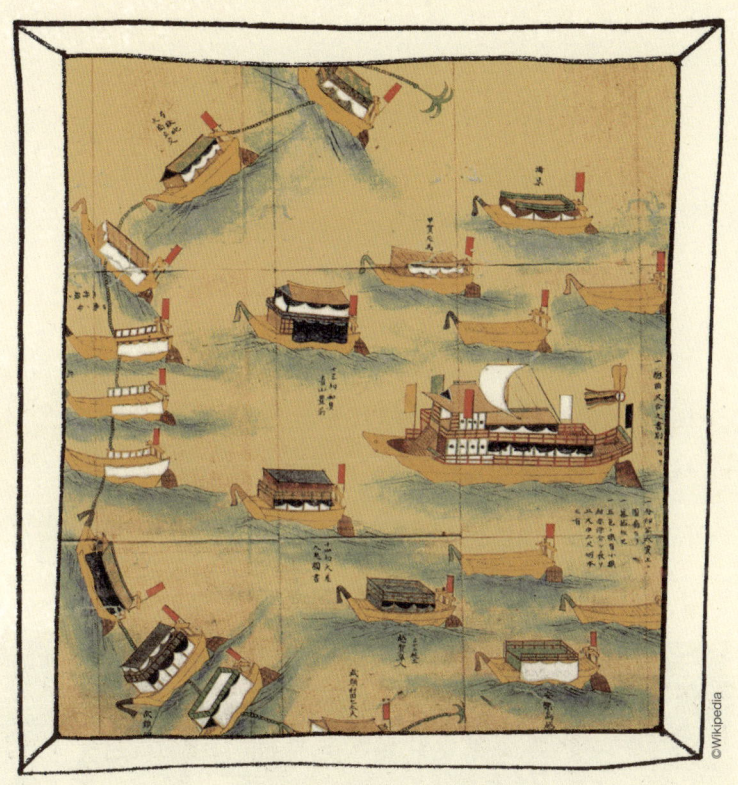

왜군의 배 안택선은 주로 삼나무와 편백나무로 제작되었어요.
안택선의 경우, 바닥이 V자형이어서 속도가 무척 빨랐지만
방향을 빠르게 바꾸지는 못했어요.

그대로 적용할 수가 있다.
상대의 강점과 약점을 알아야 한다.
왜군 전투선의 강점과 약점을 알아야 하는 것이다.
그래야 왜군을 무찌를 수 있는 최강의 전투선을
완벽하게 제작할 수가 있다.
왜군이 어떤 나무로 전투선을 제작하는지 알아야 한다.
그런 후에 그보다 단단한 나무로 우리의 전투선을
제작하면 될 것이다.

　　이순신 장군은 왜에서 잘 자라는 나무가 무엇이고, 왜군은 어떤 나무로 전투선을 제작하는지 알아 냈어요.
　　이순신 장군이 생각을 이어가요.

왜군은 삼나무와 편백나무로 배를 제작한다.
삼나무와 편백나무는 곧고 빠르게 자라는 장점이 있다.
하지만 무르다는 단점이 있다.
따라서 우리는 삼나무와 편백나무보다 단단한 나무로
전투선을 제작하면 될 것이다.

이순신 장군은 우리나라에 널리 심어져 있는 나무들 중에서 삼나무와 편백나무보다 단단한 나무가 무엇인지 조사했어요.
이순신 장군이 생각을 계속해요.

삼나무와 편백나무보다 단단하면서도
우리나라의 산에서 손쉽게 구할 수 있는 나무는
참나무 말고 소나무가 있다.
소나무는 참나무보다 단단하지 않다.
소나무가 참나무보다 무겁지 않은 것이다.
따라서 배의 대부분은 소나무를 사용해서 만들고
부딪칠 때 충격이 많이 가해지는 부분은 참나무를 사용하자.
그러면 무게를 낮추면서도 왜군의 배와 충돌해도 끄떡없는
전투선을 제작할 수 있을 것이다.

그랬어요. 이순신 장군은 소나무와 참나무로 최강의 전투선을 제작했어요. 반면 왜군은 삼나무와 편백나무로 전투선을 제작했지요.

이랬으니 전투선끼리 충돌했을 때의 결과는 삼척동자도 알 만했어요. 왜군의 전투선은 우지끈 부서지며 파손되기 일쑤였어요. 전투선을 충돌시켜서 왜군에게 피해를 주는 전술을 '당파 전술' 또는 '박치기 전술'이라고 해요. 이순신 장군은 이 전술을 임진왜란 때에 효과적으로 사용했어요.

이렇게 해서 소나무와 참나무로 살을 붙인 판옥선 모양의 전투선이 완성됐어요.

지휘관실 위를 덮어라

이순신 장군이 전투선의 3층을 골똘히 바라보고 있어요. 이순신 장군은 무슨 생각에 잠겨 있는 것일까요?

이순신 장군의 머릿속으로 들어가 봐요.

지휘관실이 취약해 보이는구나.

이순신 장군의 이런 걱정은 쓸데없는 걱정이 아니었어요. 이순신 장군이 그리는 최강의 전투선은 돌격선이에요. 돌격선은 적진 속으로 거침없이 파고들어 가서 당파 전술을 펴는 등 왜군을 혼란스럽게 하는 데 주요 목적이 있어요. 그러다 보면 왜군의 전투선에 가까이 다가가는 경우가 자주 생길 수 있어요. 왜군에게는 이때가 우리의 지휘관실을 공격할 수 있는 최상의 기회가 될 거예요. 왜군의 공격에 이순신 장군이나 장수들이 부상을 입거나 사망하게 된다면, 정말로 큰일이 아닐 수 없을 거예요. 지휘관의 명령을 받지 못하는 병사들은 어찌할 바를 모르며 우왕좌왕할 것이니까요. 왜군은 그런 절호의 기회를 놓치지 않고 총공격을 할 거예요.
 이순신 장군이 생각해요.

> 지휘관실을 보완해야겠다.
> 어떤 방법이 좋을까?

 여러분 같으면, 어떤 방법을 추천하고 싶은가요? 이순신 장군이 어떤 방법을 내놓았을지 그의 머릿속으로 들어가 봐요.

> 그래, 지휘관실까지 완전히 덮어 버리자.

 그랬어요. 이순신 장군이 내놓은 방안은 판옥선 위를 완전히 감싸서 덮어 버리는 것이었어요. 이순신 장군이 전투선의 지휘관실 위를 나무로 둥그스름하게 덮고 나니, 그 모양이 흡사 거북등과 비슷해졌어요.
 거북등 모양으로 변한 전투선은 지휘관도 보호할 수가 있고, 전투선의 공간도 넓어지는 일석이조의 효과를 보였어요. 지휘관실을 덮는 방안은 꿩 먹고 알 먹고, 도랑 치고 가재 잡고, 누이 좋고 매부 좋은 묘안이었던 셈이에요.
 또한 전투선의 등을 완전히 감싸고 나니, 판옥선처럼 굳이 3층을 올려서 지휘관실을 따로 우뚝 만들 필요가 없어졌어요. 전투선의 2층 실내에 지휘관이 머물 곳을 간단히 마련하면 충분하니까요.

거북등에 뾰족한 걸 꽂아라

이순신 장군의 빛나는 아이디어는 여기서 그치지 않았어요. 그의 머릿속으로 다시 들어가 봐요.

왜군은 접근 전술을 주로 쓴다.

그래요. 왜군은 가까이 다가와서 조선의 전투선에 올라탄 다음에 칼을 빼 들어서 싸우는 백병전을 주요 전술로 사용했어요.
이순신 장군이 생각을 이어가요.

우리 수군은 왜군보다 칼싸움에 능하지 못하다.
왜군과의 백병전을 피해야 하는 것이다.
단 한 명의 왜군이라도 우리 전투선에
올라타지 못하게 하는 것이 좋을 것이다.
하지만 이는 가능하지 않을 것 같다.
그렇다면 몇몇의 왜군이 우리 전투선에 올라타더라도

힘을 쓰지 못하고 맥없이 주저앉도록 해야 할 것이다.
어떤 좋은 방법이 있을까?

이순신 장군이 찾은 방법은 무엇이었을까요? 이순신 장군의 생각을 따라가 봐요.

거북선의 등에는 칼이나 송곳처럼 뾰족한 것이 줄지어 꽂혀 있어요.

전투선의 등에 우리 수군이 겨우 지나다닐 수 있을 만큼의
십자(+) 모양의 좁은 길을 내자.
그리고 나머지 부분에는 칼이나 송곳 같은 뾰족한 것을
줄지어 꽂아 놓자.
그러면 왜군이 우리 전투선에 뛰어오르더라도
송곳과 칼에 찔리게 돼 꼼짝 못할 것이다.
그때 그들을 포위해서 덮치면 된다.

이순신 장군은 왜군과 전투를 벌이러 나갈 때에는 전투선의 등을 거적이나 풀로 덮는 위장 전술을 폈어요. 칼이나 송곳이 드러나지 않도록 하기 위해서였지요.

용머리와 꼬리를 달아라

이순신 장군이 생각해요.

배의 앞에는 용의 머리를 만들어 달자.
그리고 배의 뒤에는 거북의 꼬리를 만들어서 달자.

이렇게 해서 이순신 장군이 원하는 최강의 전투선이 완성됐어요. 여러분, 이 최강의 전투선은 무엇인가요? 맞아요, 그 이름도 유명한 거북선이에요. '거북 모양을 한 배'라는 뜻에서 거북선이라는 이름을 붙인 거예요. 이순신 장군이 살던 시대에는 거북선을 '귀선(龜船)'이라고 불렀어요.

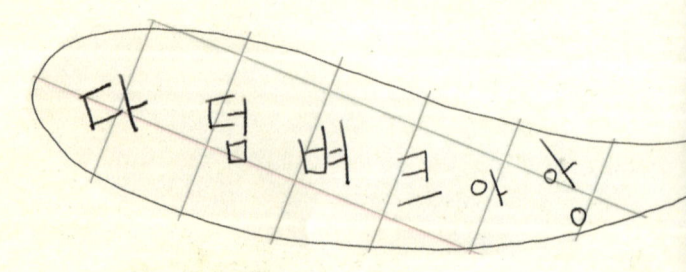

이순신 장군은 거북선을 몇 척 만들었을까?

거북선이 완성됐어요.

여러분에게 질문 하나 던져 볼게요.

"이순신 장군은 거북선을 몇 척이나 만들었을까요?"

답을 말하면, 3척이에요.

기대보다 숫자가 너무 적어서 실망했나요. 실망까지는 아니어도 아쉬워하는 사람은 많을 듯싶네요. 거북선 수십 척이 왜군의 전투선과 맞서서 멋지게 싸웠을 것으로 상상했을 사람이 적지 않으리라고 봐요.

왜 이순신 장군은 거북선을 3척밖에 만들지 않았을까요?

이에 대한 정답은 이순신 장군 본인이 가장 잘 알고 있을 거예요. 하지만 이순신 장군이 이에 대해서 설명하거나 얘기해 놓은 기록은 전해지지 않고 있어요. 거북선은 돌격선이기 때문에 굳이 많이 만들 필요가 없었을 거라고 보는 견해도 있어요. 여기서는 그 답을 당시의 상황과 연관 지어서 설명해 보려고 해요.

이순신 장군이 거북선 제작에 착수한 것은 임진왜란이 일어나기

일 년 전이었어요. 그러니까 이순신 장군이 거북선을 제작하는 데 주어진 시간이 일 년 정도밖에 안 됐다는 사실이에요. 이 기간은 이순신 장군이 거북선을 많이 만들고 싶어도 그러기에는 충분하지 못한 시간이에요. 그런 데다가 배를 건조할 자금은 넉넉하지 않았고, 배를 만들 전문가와 인력도 부족했어요. 짧은 기간, 넉넉하지 않은 자금, 부족한 인력 등 거북선을 많이 만들고 싶어도 뭐 하나 만족스럽게 갖춰진 조건이 하나도 없었던 것이에요. 한 마디로 최악의 조건에서 거북선 건조에 착수한 셈이지요.

모름지기 이런 악조건 속에서는 거북선 한 척을 만드는 것도 쉽지 않았을 거예요. 그런데도 이순신 장군은 이러한 최악의 조건을 이기고서 거북선을 3척이나 건조해 내었어요. 겨우 3척뿐이 아니라, 3척씩이나 만들어 내었다고 봐야 하는 것이란 말이지요. 이순신 장군의 남다른 능력이 아니었다면 이조차도 어려웠을 거예요.

이순신의 거북선은?

여러분에게 질문을 하나 더 던져 볼게요.

"이순신 장군이 만든 3척의 거북선 중에서 몇 척이 남아 있을까요?"

답을 말하면, 한 척도 남아 있지 않아요. 임진왜란 때에 맹활약한 3척의 거북선 중에서 단 한 척도 전해지지 않는다는 얘기예요. 이순신 장군을 몰아내고 원균이 대신 나선 칠천량해전에서 3척의 거북선이 모두 다 파손되고 말았거든요.

거북선은 남아 있지 않더라도, 설계도나 조악한 그림이라도 전해진다면, 이순신 장군이 만든 거북선의 겉모양이라도 알 수 있으련만, 이마저도 전해지지 않고 있어요.

우리가 진짜로 아쉬워해야 할 사실은 바로 이것이에요. 이순신 장군이 만든 거북선이 3척뿐이라는 사실이 아니라, 이순신 장군이 건조한 거북선의 모습을 우리가 전혀 알 수 없다는 사실이에요.

하지만 그렇다고 해서 거북선 그림이 아예 전해지지 않는 것은 아니에요. 전라좌수영 거북선과 통제영 거북선이라는 이름으로

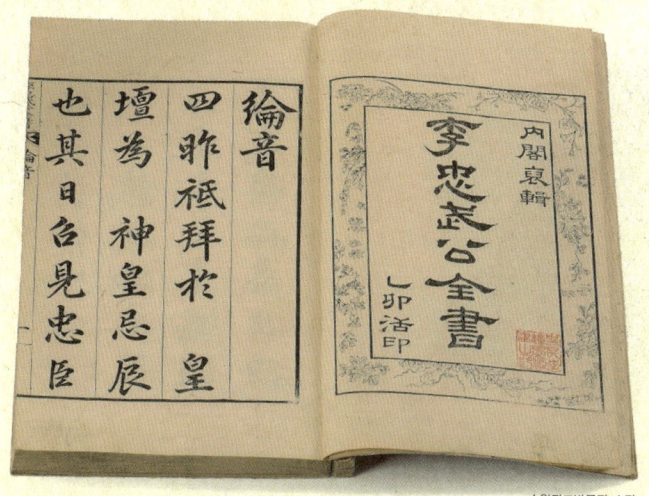

수원광교박물관 소장

정조의 지시로 편찬된 『이충무공전서』.

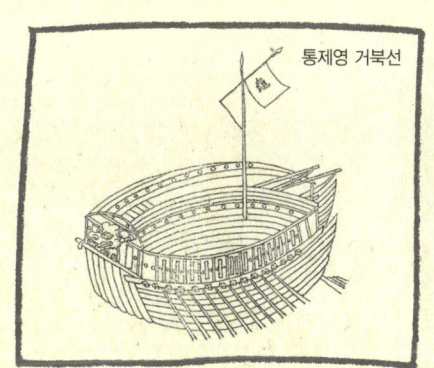

통제영 거북선

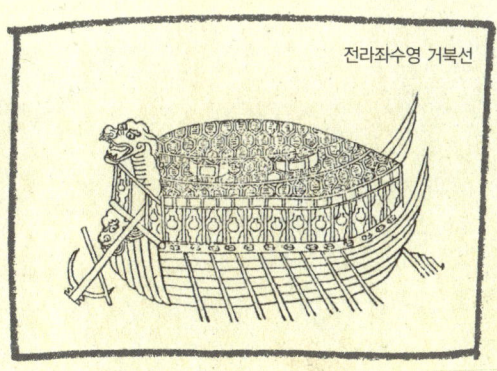

전라좌수영 거북선

정조 때 간행된 『이충무공전서』에 그려진 거북선.
이 책에는 '통제영 거북선'과 '전라좌수영 거북선' 그림이 실려 있어요.

전해지는 그림이 있어요. 다만 이 거북선들은 이순신 장군이 임진왜란을 대비해서 제작한 거북선이 아니라는 사실이 아쉬울 따름이에요.

전라좌수영 거북선과 통제영 거북선은 임진왜란이 끝난 지 200여 년이 지난 정조 임금 때에 제작한 거북선이에요. 정조 임금은 조선의 22대 왕이에요. 정조 임금은 세종대왕 다음으로 훌륭한 조선의 임금이에요.

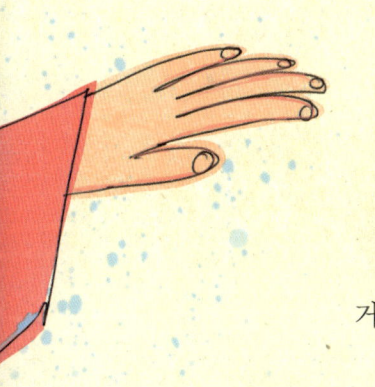

정조 임금은 이순신 장군과 관련 있는 모든 자료를 모아서 책에 담으라고 명령했어요. 이렇게 해서 만들어진 것이 『이충무공전서』라는 책이에요. 이 책에 두 개의 거북선 그림이 실려 있는데, 이것이 전라좌수영 거북선과 통제영 거북선이에요.

이순신 장군이 만든 거북선은 현재 남아 있지 않지만, 거북선을 건조한 곳은 어디인지 알려져 있어요. 거북선을 만든 곳을 선소(船所)라고 해요. 배(船)를 만든 곳(所)이라는 뜻이에요. 이순신 장군의 선소 유적지는 전라남도 여수(전라남도 여수시 선소마을길)에 있답니다.

05.

**거북선에 수군이 타고
천지현황을 싣고**

거북선에는 노를 젓는 수군이 몇 명 탔을까?

거북선이 완성됐으니 이제는 거북선에 수군을 태우고, 전투 장비를 실어야 할 거예요. 이순신 장군의 거북선에는 몇 명의 수군이 탔을까요? 또 거북선에는 어떤 무기를 얼마나 실었을까요?

먼저 노를 젓는 수군부터 알아 볼게요.

여러분은 노를 젓는 수군이 거북선에 몇 명이나 탔으리라고 보나요? 50명가량일까요, 100명은 족히 됐을까요, 100명이 훨씬 넘었을까요?

이순신 장군이 생각해요.

거북선은 최정예 돌격선이다.
빠르고 민첩해야 하는 것이다.
노 하나에 한두 명의 수군이 붙어선
거북선을 빠르고 민첩하게 움직이게 할 수가 없다.

조선왕조실록의 선조 임금 편(선조수정실록)을 보면, 1592년 5월

1일의 기록에 다음과 같은 글이 있어요.

"거북선은 전후좌우로 이동하는 것이 나는 것처럼 빨랐다."

거북선이 얼마나 빠르게 움직였으면, 나는 것처럼 빨랐다고 했을까요? 요즘의 해군 전투선은 엔진의 힘으로 움직이지만, 조선 시대에는 노를 젓는 수군이 그 일을 전적으로 떠맡았어요. 그래서 노를 젓는 수군이 많으면 많을수록 거북선은 빨라질 수밖에 없었지요.

이순신 장군이 생각을 이어가요.

거북선이 나는 새처럼 바다 위를 종횡무진하려면
노를 한두 개 설치해선 안 될 것이다.
거북선의 왼쪽에 8개의 노를 설치한다.
그리고 오른쪽에도 같은 수의 노를 설치한다.

거북선을 연구하는 대부분의 학자들은 5명 안팎의 수군이 한 조를 이루어서 노 하나를 저었을 것이라고 보고 있어요.

거북선에 탄 노를 젓는 수군의 수는 '노 하나를 젓는 수군의 수'와 '노의 개수'를 곱하면 계산할 수가 있어요.

거북선에 탄 노를 젓는 수군의 수

= 노 하나를 젓는 수군의 수 × 노의 개수

이 식을 사용해서 수군의 수를 계산해 볼게요.

거북선의 왼쪽 노를 젓는 수군의 수

= 5명 × 노의 개수

= 5명 × 8

= 40명

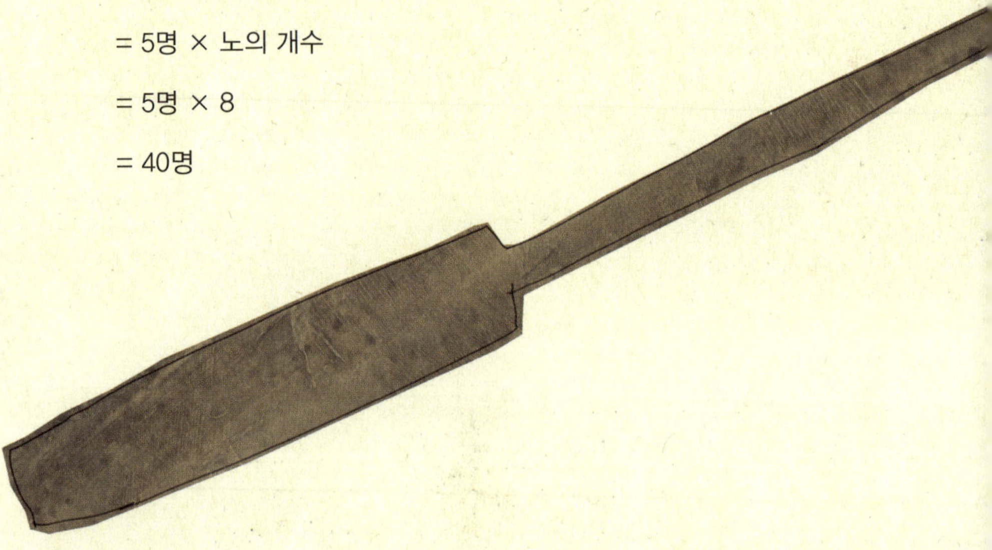

거북선의 오른쪽 노를 젓는 수군의 수

= 거북선의 왼쪽 노를 젓는 수군의 수

= 40명

거북선의 노를 젓는 수군의 총수

= 왼쪽 노를 젓는 수군의 수 + 오른쪽 노를 젓는 수군의 수

= 40명 + 40명

= 80명

거북선에는 대포 발사 수군이 몇 명 탔을까?

노를 젓는 수군의 수를 살펴보았으니, 이번에는 전투 수군의 수를 알아볼 차례예요. 전투 수군은 대포 발사 수군과 활 쏘는 수군

으로 이루어져 있어요. 먼저 대포 발사 수군부터 알아볼게요. 대포 발사 수군은 거북선에 몇 명이나 탔을까요? 노를 젓는 수군보다 많았을까요, 아니면 적었을까요? 이순신 장군이 생각해요.

거북선은 최정예 돌격선이다.
그 어떤 배보다 빠르고 민첩하게 움직일 수 있어야 한다.
그러자면 전투 수군이 많이 타면 안 된다.
전투 수군이 많이 탈수록
거북선이 빠르게 움직이기 어려울 것이기 때문이다.

그래요, 거북선에는 전투 수군이 많이 타지 않았어요. 전투 수군의 수는 거북선에 실은 무기와 관련이 있어요.

선조수정실록을 보면, 1592년 5월 1일의 글에 다음과 같은 내용이 나와요.

"배의 앞은 용의 머리를 만들어 달고, 입은 대포 구멍으로 활용했다. 배의 뒤에는 거북의 꼬리를 만들어 달고, 꼬리 밑에 대포를 쏠 수 있도록 포문을 설치했다. 배의 양쪽에도 포문을 각각 여섯 개씩 두었으며, 군사는 모두 그 밑에 숨어서 대포를 쏘도록 했다."

여기서 보면 대포는 입에 하나, 꼬리 밑에 하나, 배의 왼쪽에 여섯, 오른쪽에 여섯 개씩 설치했다고 볼 수 있어요. 이 수를 모두 더하면 14예요. 즉, 거북선에 설치한 대포의 수는 14문이 되는 것이에요. 여기서의 문은 대포의 수를 세는 단위예요.

대포 하나에 3명의 전투 수군이 한 조를 이루어서 배치되었다고 생각해 볼게요. 대포를 발사하는 수군 한 사람, 화약을 대포에 채우는 수군 한 사람, 화약을 갖다 주는 수군 한 사람, 이렇게 세 사람이에요.

거북선에 탄 대포 발사 수군의 수는 '대포 하나에 배치한 수군의 수'와 '대포의 개수'를 곱하면 얻을 수가 있어요.

거북선에 탄 대포 발사 수군의 수
= 대포 하나에 배치한 수군의 수 × 대포의 개수

이 식을 이용해서 거북선에 탄 대포 발사 수군의 수를 계산해 보겠어요.

거북선에 탄 대포 발사 수군의 수
= 3명 × 대포의 수
= 3명 × 14
= 42명

" 전투선이 비록 적다고 하나
신이 살아 있는 한
적은 감히 이 바다를
넘보지 못할 것입니다. "

_이순신 장군이 선조에게 올린 글 중에서(1592년 9월)

거북선에는 활 쏘는 수군이 몇 명 탔을까?

이번에는 활 쏘는 수군을 알아볼 차례예요. 거북선에 활 쏘는 수군은 몇 명이나 탔을까요? 대포 발사 수군보다 많았을까요, 적었을까요?

대포 발사 수군의 수는 대포의 수를 통해서 추정했어요. 그러면 활 쏘는 수군의 수는 활의 수로 추정할 수 있을 거예요. 하지만 안타깝게도 거북선에 몇 개의 활을 실었는지에 대한 정보는 전해지지 않아요. 거북선에 활 쏘는 수군을 태웠다는 사실만 기록으로 남아 있을 뿐이에요.

그렇다면 거북선에 활 쏘는 수군이 몇 명 탔는지 알 수 없는 걸까요? 그건 아니에요. 이순신 장군 시대의 자료는 아니지만, 조선의 19대 왕인 숙종 임금 시대의 책인 『비변사등록』의 도움을 받아서 그 수를 유추해 볼 수 있어요.

『비변사등록』의 1716년 10월 24일의 기록에 따르면, 거북선에는 18명 내외로 활 쏘는 수군이 탔다는 글이 나와요.

그러나 이것을 보고 이순신 장군의 거북선에도 활 쏘는 수군이

18명쯤 탔을 거라고 단언해선 안 돼요. 왜냐하면 『비변사등록』에서 말하는 거북선은 임진왜란 때의 것이 아니라, 숙종 임금 시대의 거북선이기 때문이에요.

임진왜란 이후에 제작한 거북선은 이순신 장군의 거북선보다 크게 만들었어요. 그러니까 이순신 장군의 거북선에는 활 쏘는 수군이 18명보다 많이 타지 않았을 거란 얘기이지요. 대부분의 거북선 연구가들은 15명 정도 탔을 것이라고 보고 있어요.

거북선에 탄 전투 수군을 보면, 대포 발사 수군이 활 쏘는 수군보다 2배 이상 많아요. 이로부터 무엇을 알 수 있나요?

맞아요, 거북선의 주력 무기는 활이 아니라, 대포라는 사실을 알 수가 있어요. 대포가 거북선의 주력 무기였다는 사실은 뒤에 자세히 살펴볼게요.

거북선에는 수군이 몇 명 탔을까?

이순신 장군의 거북선에 탄 노를 젓는 수군과 대포 발사 수군과 활 쏘는 수군의 수를 정리하면 다음과 같아요.

노를 젓는 수군	80명
대포 발사 수군	42명
활 쏘는 수군	15명

이 숫자를 더하면, 거북선에 탄 수군의 인원을 알 수가 있어요. 137명이죠.

그런데 거북선에 병사만 타서는 전투를 할 수가 없어요. 이들 수군을 통제하는 장수와 장군이 있어야 해요. 노를 젓는 수군, 대포 발사 수군, 활 쏘는 수군에게 명령을 내리는 장수 3~4명, 그리고 장수에게 명령을 내리고 거북선을 총지휘하는 장군 1명이 있어야 하죠. 거북선에는 장수와 장군이 4~5명쯤 탔을 거란 얘기예요. 수군의 수에 장수와 장군의 수를 더하면 전체 인원을 구할 수가 있어요. 137명에 4~5명을 더하면 총 141~142명이에요.

거북선에 탄 사람의 수
= 수군의 수 + 장수와 장군의 수
= 137명 + 4~5명
= 141명에서 142명

이렇게 해서 우리는 거북선에 140여 명 남짓의 사람이 탔으리라는 것을 알 수가 있어요.

거북선에 천지현황을 설치했어요

거북선에 몇 사람이 탔는지에 대한 문제를 해결했어요. 이제는 거북선에 실은 전투 장비를 살펴볼 차례예요.

이순신 장군이 생각해요.

> 우리 수군은 왜군보다 백병전 같은 접근 전투에 능하지 않다.
> 그렇다면 왜군의 전투선이 가까이 다가오기 전에
> 미리 공격을 하는 것이 좋을 것이다.
> 어떤 방법을 쓰는 게 유리할까?

여러분이라면 어떤 방법을 추천하고 싶은가요? 이순신 장군이 생각한 방법은 이것이었어요.

> 그래, 대포를 활용하자.
> 먼 거리에서부터 대포를 쏘아 대기 시작하면
> 왜군이 가까이 다가오기 어려울 것이고

우리 수군의 피해를 최소화할 수 있을 것이다.

　이순신 장군이 이런 결정을 내릴 수 있었던 데에는 조선의 우월한 과학과 기술의 힘 때문이었어요. 이순신 장군 시대에 성능 좋은 대포를 만들고, 질 좋은 화약을 제조하는 것은 최첨단 과학 기술이었어요. 고도의 과학적 지식이 필요한 기술이었던 것이에요. 조선은 이러한 과학 기술을 든든히 축척해 놓고 있었지만, 일본은 그렇지가 못했어요. 그래서 왜군은 전투선에 우수한 대포를 설치하고

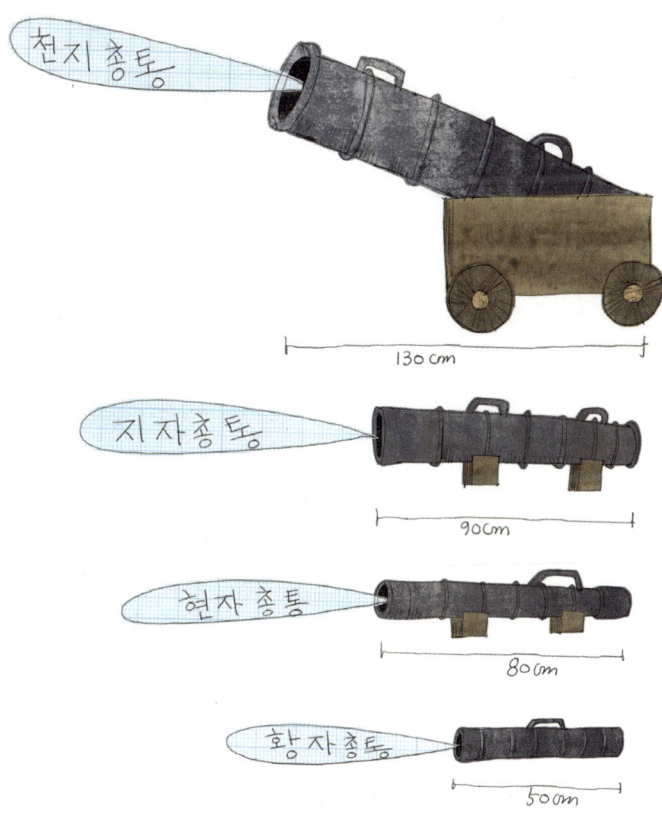

싶어도 그럴 수가 없었어요. 대포와 화약은 조선 수군의 비장의 무기였던 셈이에요.

물론 왜군에게 대포가 아예 없는 것은 아니었어요. 그 위력이 조선의 것에 비해서 보잘것없었을 뿐이지요. 조총보다 약간 세었을 정도였다고 해요. 그래서 우리 수군에게 큰 위협이 되지 못했어요. 이순신 장군이 계속 생각해요.

천지현황을 거북선의 전후좌우에 설치하자.

천지현황은 거북선에 설치한 4종류의 대포예요. 천자총통, 지자총통, 현자총통, 황자총통의 줄임말이지요.

천자총통, 지자총통, 현자총통, 황자총통이란 이름은 천자문의 첫 네 글자인 천지현황(天地玄黃)에서 따왔어요. 천은 하늘천(天)에서, 지는 땅지(地)에서, 현은 검을현(玄)에서, 황은 누를황(黃)에서 따온 것이지요.

천지현황은 무엇을 발사했을까?

거북선에 설치한 대포의 이름은 왜 천자총통, 지자총통, 현자총통, 황자총통으로 이렇게 다 다를까요?

대포의 크기와 성능이 같지 않기 때문이에요.

천자총통은 가장 크고 성능이 가장 우수한 대포예요. 길이가 130센티미터가량으로 화력이 가장 우수한 대포이지요. 천자총통은 크기도 크거니와 무게가 거의 300킬로그램이나 나가서 수레에 싣고 운반했어요.

천자총통 다음으로 크고 우수한 대포는 지자총통이에요. 그 다음은 현자총통이에요. 황자총통은 가장 작은 대포예요.

각 총통의 길이와 무게는 다음과 같아요.

천자총통: 길이 130센티미터가량, 무게 300킬로그램가량
지자총통: 길이 90센티미터가량, 무게 천자총통의 4분의 1가량
현자총통: 길이 80센티미터가량, 무게 천자총통의 6분의 1가량
황자총통: 길이 50센티미터가량, 무게 천자총통의 15분의 1가량

천지현황 대포의 크기와 성능이 이렇게 다 다르니, 그 안에 넣어서 발사하는 물체도 다를 거예요.

천자총통에는 대장군전을 넣어서 발사했어요. 대장군전은 길이가 3미터에 육박하는 초대형 화살이에요. 총통의 앞부분은 쇠로 되어 있고, 몸통은 나무로 만들었어요.

천자총통으로 대장군전을 발사하면 1킬로미터 가까이나 날아갔어요.

이 초대형 화살이 왜군의 전투선에 떨어지면, 배에 큰 구멍이 뚫리거나 배가 크게 부서졌지요. 그러면 그 뚫린 구멍과 부서진 틈으로 바닷물이 거세게 들어왔고, 이내 전투선은 침몰했어요.

지자총통에는 대장군전보다 작은 장군전을 넣어서 발사했고, 현자총통에는 장군전보다 더 작은 차대전을 넣어서 발사했어요.

그리고 황자총통에는 차대전보다 작은 피령전을 넣어서 발사했어요. 피령전(皮翎箭)의 피(皮)는 가죽, 령(翎)은 깃(날개), 전(箭)은 화살을 뜻해요. 그러니까 피령전은 깃을 가죽으로 만든 화살을 말해요.

반면 장군전과 차대전의 깃은 대장군전과 마찬가지로 쇠로 만들었어요.

총통에는 철환(쇠구슬)을 넣어서 발사하기도 했어요. 철환의 크기는 지름이 3센티미터 남짓이었어요. 천자총통에는 철환 400여 개, 지자총통에는 200여 개, 현자총통은 100여 개, 황자총통은 40~50여 개를 넣어서 발사했어요.

　대장군전이나 장군전이 왜군의 전투선을 파손시키는 데 목적이 있었다고 하면, 철환은 왜의 수군에게 피해를 입히는 데 목적이 있었어요.

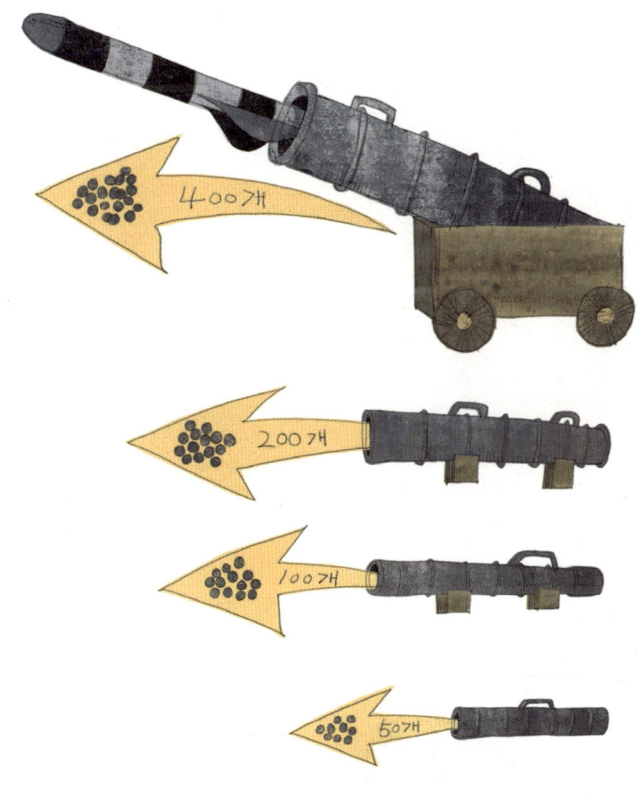

거북선의 총통에서 발사한 수천 개의 철환이 비 오 듯 하늘에서 떨어지는 상황을 한번 상상해 보세요. 왜의 수군은 탁구공만 한 철환을 피하느라 정신이 없었을 거예요. 대장군전과 장군전으로 부서진 배를 복구하고 싶어도 비 오 듯 떨어지는 철환 때문에 도저히 그럴 수가 없었을 거예요.

06.

이순신 장군이
연전연승했어요

거북선이 사천해전에서 처음으로 맹활약했어요

이순신 장군은 1592년 4월 12일의 난중일기에 다음과 같이 적고 있어요.

"거북선에 장착한 지자총통과 현자총통을 쏘아 보았다."

이것으로 거북선은 전투에 나갈 준비를 완전히 마쳤어요.

운명의 장난일까요, 이순신 장군이 거북선의 출전 준비를 마친 다음 날인 1592년 4월 13일, 왜군이 30만 명이라는 대병력을 이끌고 조선을 침략했어요. 7년간의 대전쟁인 임진왜란이 시작된 것이에요.

이순신 장군이 처음으로 출전한 싸움은 1592년 5월 초의 경상남도 거제시 옥포 앞바다에서 치러진 옥포해전이에요. 그러나 이 전투에는 거북선이 참여하지 않았어요. 이순신 장군이 거북선을 아꼈던 셈이지요.

거북선이 처음으로 등장한 싸움은 1592년 5월 말의 경상남도 사천시 앞바다에서 치러진 사천해전이에요.

자, 그럼 사천해전에서 펼쳐진 거북선의 멋진 활약을 한번 그려 볼까요.

● ● ●

출격 명령을 알리는 북소리가 둥둥둥 울리며 깃발이 휘날리기 시작했어요.

"거북선 앞으로!"

이순신 장군이 우렁차게 말했어요.

왜군은 거북선을 보고 놀라움을 금치 못했어요.

"아니, 저게 뭐야! 저게 배란 말인가?"

왜군이 거북선을 보며 이렇게 혼란스러워하고 있는 사이에 이순신 장군의 위엄 있는 명령이 또 떨어졌어요.

"거북선 돌격하라!"

거북선은 기다렸다는 듯이 적진 속으로 세차게 파고들어 갔어요.

왜군은 거북선의 등에 씌운 풀과 거적에 주목했어요.

"저곳에 조선의 수군이 타고 있는 것이 틀림없다. 우리 전투선에 가까이 와서 저 풀과 거적을 들춰 내고 뛰쳐나올 것이 분명하다."

그러면서 왜군의 장수는 속으로 비웃고 있었어요.
'미련한 조선의 수군 같으니라고. 우리가 백병전에
더 능하다는 것을 모르고 있다니! 그래 얼른 와라. 우리가 단 한 놈
도 남기지 않고 모조리 죽여주겠다.'
왜군은 조선의 수군이 뛰쳐나오면 조총을 발사하고 칼로 베어
버리겠다는 작전을 구상하고 있었어요.
그런데 이게 웬일인가요. 왜군의 예상과는 달리, 거북선의 입에
서 무엇인가가 보이는 것 같더니 갑자기 꽝 하는 소리가 나는 것이

었어요. 왜군은 그 소리에 깜짝 놀랐고, 곧이어 다시 한 번 더 놀랐어요. 거북선에서 발사한 대장군전이 왜군의 최고 지휘관이 탄 전투선에 떨어졌기 때문이에요.

왜군은 몹시 당황하며 어찌할 바를 모르고 있는데, 이번에는 거북선의 좌우 양 측면과 나머지 두 척의 거북선에서도 대장군전과 장군전이 연이어서 발사된 것이에요. 이제는 왜군의 최고 지휘관이 탄 전투선만이 아니라, 거의 모든 전투선에 구멍이 나고 전투선이 파괴되었어요.

왜군은 조총을 마구 쏘아 대기 시작했어요. 그러나 왜군의 조총은 거북선의 천지현황이 내뿜는 화력에 비할 바가 못됐어요.

조총이 큰 위협을 주지 못하자 왜군은 작전을 바꿔서 전투선을 거북선에 바짝 붙이기로 했어요. 왜군의 전투선이 거북선 바로 옆에 이르자, 왜군들이 펄쩍 뛰어오르며 거북선의 등에 올라탔어요.

왜군은 거북선의 등에 올라탄 다음에 칼싸움으로 조선의 수군을 요절낼 생각이었어요. 하지만 그건 이루어질 수 없는 바람일 뿐이었어요. 왜군은 칼을 휘둘러 보기는커녕 거북선의 등에 올라타자마자 비명을 내지를 수밖에 없었어요. 거북선의 등에 꽂아 놓은 칼과 송곳에 찔려 왜군의 손과 팔, 발과 다리와 배에서 피가 철철 흘러나왔으니까요.

이런 참혹한 광경을 지켜보고 있던 왜군들은 어찌할 바를 모르며 두려움에 벌벌 떨었어요. 이순신 장군은 이런 왜군을 향해서 이번에는 철환을 발사하라는 명령을 내렸어요. 천자총통과 지자총통과 현자총통과 황자총통에서 철환이 빗발처럼 날아갔어요. 왜군은 하늘에서 비처럼 쏟아지는 탁구공만 한 쇠구슬을 피하려고 이리저리 도망치고 숨어 보았지만 적잖은 피해를 면하기는 어려웠어요. 거북선의 이런 맹활약에 왜군은 패했고, 이순신 장군은 사천 해전을 승리로 이끌 수가 있었어요.

난중일기에 나온 거북선 이야기

거북선에 쓸 돛베 29필을 받았다.
(1592년 2월 8일)

거북선에서 대포 쏘는 것을 시험하였다.
(1592년 3월 27일)

베로 거북선 돛을 만들었다.
(1592년 4월 11일)

밥 먹고 난 후 거북선에 장착한 지자총통과 현자총통을 쏘아 보았다.
(1592년 4월 12일)

한산도해전에서 학익진을 펼쳤어요

　한산도해전(한산도대첩)은 세계의 해전 역사에서도 아주 유명한 바다 전투로 기록돼 있어요. 그만큼 훌륭한 전투였다는 얘기예요. 거북선은 한산도해전에서도 맹활약했어요. 자, 그럼 한산도해전으로 들어가 볼까요?

　1592년 7월 초.
　왜군의 전투선들이 견내량 북쪽으로 집결하고 있어요. 이순신 장군에게 연이어서 패한 왜군은 이번만큼은 반드시 이순신의 목을 베겠다며 독한 마음으로 전투에 임했어요.
　이순신 장군이 견내량과 한산도 인근의 지도를 펼쳐 놓고 신중하게 바라보더니, 나직이 되뇌었어요.

　　유인 작전을 펼치는 게 좋겠구나!

　이순신 장군이 생각한 유인 작전이란 과연 어떤 작전일까요? 한산도해전이 세계의 해전에서도 아주 유명한 해전이 된 것이 바로 이순신 장군의 이 유인 작전 때문이에요. 한번 자세히 알아보자고요.
 이순신 장군이 전투 상황을 미리 그려 보고 있어요. 어떤 그림일지 궁금하네요. 이순신 장군의 머릿속으로 들어가 봐요.

 우리의 전투선들이 견내량 입구에 도착한다.
 왜군의 전투선들과는 상당한 거리가 있다.

 상당한 거리란, 왜군의 조총이 우리 전투선들에 아무런 피해를 줄 수 없는 거리를 말해요. 그러나 우리의 대포는 왜군의 전투선들에게 피해를 입힐 수 있는 거리이기도 하지요.

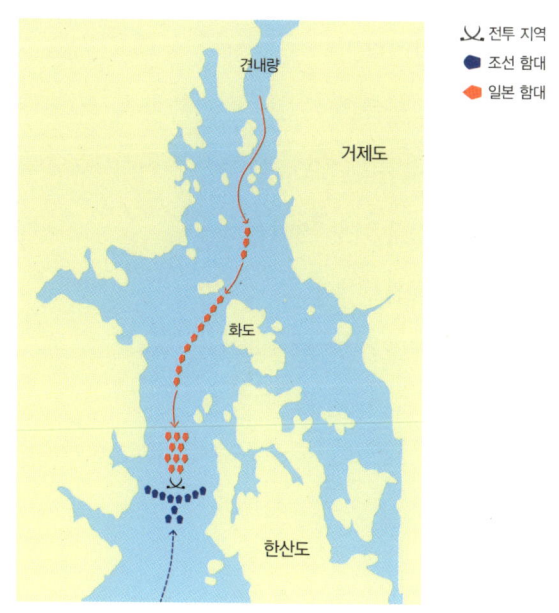

이순신이 생각을 이어가요.

왜군의 전투선들을 향해 천지현황을 발사한다.
왜군은 물러서지 않고 맞대응을 해 올 것이다.
그러면 우리의 전투선들은
힘에 부쳐서 도망치는 척
견내량으로 급하게 들어간다.
왜군은 우리의 전투선들을 잡으려고
전속력으로 질주하며 견내량으로 들어올 것이다.
우리의 전투선들은 더 이상 대포를 발사하지 않고
빠르게 견내량을 빠져나온다.
우리의 전투선들이 해간도와 방화도를 지나
한산도로 향한다.
왜군의 전투선들은 이기기라도 한 듯
조총을 쏘며 전속력으로 따라올 것이다.
그러나 거리가 너무 멀어서 조총은
우리의 전투선들에게
아무런 피해를 주지 못한다.

이순신 장군이 다시 지도를 펼쳤어요. 그러고는 한산도 주변을 꼼꼼히 살폈어요. 이순신 장군이 잠시 눈을 감았다가 떴어요.

이순신 장군이 생각을 이어가요.

우리의 전투선들이
한산도 앞바다의 한가운데에 들어섰다.
왜군의 전투선들은
이제 막 한산도 앞바다의 입구에 들어온다.
도망치듯 무작정 앞으로만 내달릴 것 같던
우리의 전투선들이
이쯤에서 더는 내달리기를 멈춘다.
우리의 전투선들이 세 갈래로 갈라진다.
중앙으로 그리고 왼쪽과 오른쪽으로.
왼쪽과 오른쪽으로 갈라진 우리의 전투선들은
학이 날개를 펼치듯이 내려온 길을 다시 오르며
왜군 전투선들의 옆을 에워싼다.

이것이 바로 그 유명한 학익진 전술이에요. 바로 이 학익진 전술이 한산도해전을 세계 해전에서도 매우 중요한 해전이 될 수 있게 한 것이에요.

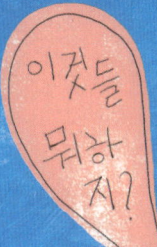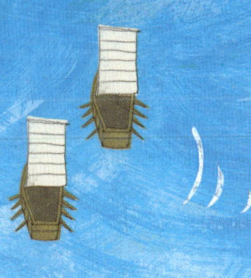

이순신 장군이 계속 생각해요.

> 이렇게 우리의 전투선들이 학익진 전술을 펼치는 동안
> 숨어 있던 우리의 다른 전투선들이
> 왜군의 뒤쪽을 에워싼다.
> 이렇게 되면 사방이 막힌 상태가 돼서
> 왜군은 어느 쪽으로도 빠져나가기 어려워진다.
> 이는 독 안에 갇힌 격이다.
> 거북선이 왜군의 전투선들 속으로 들어가서
> 천지현왕을 발사하고, 박치기 전술을 쓰며
> 왜군을 혼란스럽게 한다.
> 그러는 사이에 우리의 전투선들이
> 일제히 천지현황을 발사하며 왜군의 전투선들을 공격한다.

멋진 전술이 아닌가요? 조선의 수군은 이순신 장군의 계획대로 훌륭하게 작전을 펼쳤어요! 그 이후의 결과가 어떻게 됐을지는 굳이 설명하지 않아도 여러분이 어렵지 않게 상상할 수 있을 거예요.

명량해전에서 기적 같은 승리를 이끌었어요

명량해전은 칠천량해전에서 대패한 최악의 상황에서 치른 싸움이었어요. 이순신 장군이 제대로 된 전쟁 준비도 하지 못한 채 부랴부랴 서둘러 치른 전투였지요. 이 싸움은 누가 봐도 도저히 이길 수가 없는 전투였어요. 그런데도 이순신 장군은 이를 승리로 이끌었어요. 자, 그럼 그 당시로 가 볼까요?

1597년 9월 중순.
칠천량해전에서 크게 이긴 왜군의 자신감은 하늘을 찌를 듯했어요. 왜군은 이번에는 진짜로 이순신의 머리를 벨 수 있을 거라고 확신했어요.
이순신이 이번 전투에 동원할 수 있는 전투선은 칠천량해전에서 겨우 살아남은 12척의 전투선에 1척을 추가한 13척뿐이었어요. 이에 비해 왜군은 대규모로 전투선들을 총집결시켰어요. 그 수가 300척은 넘었고, 1000척에 이르렀다는 기록까지 있어요.
명량으로 향하는 앞바다는 왜군의 전투선들로 꽉 차 그야말로 비집고 들어갈 틈이 없을 정도였어요.

이순신 장군이 생각해요.

명량은 폭이 넓지 않다.
그래서 몇 척 안 되는 우리의 전투선들을
옆으로 늘어서게 하는 것만으로도
바닷길을 막을 수가 있다.
그래, 우리의 전투선들을 옆으로 일렬로
늘어서게 해서 왜군을 막는 전술을 쓰도록 하자.

이러한 전술을 일자진(一字陣)이라고 해요. 일(一)자 모양으로, 양 옆으로 길게 늘어선 형태로 진을 친다는 뜻이에요.

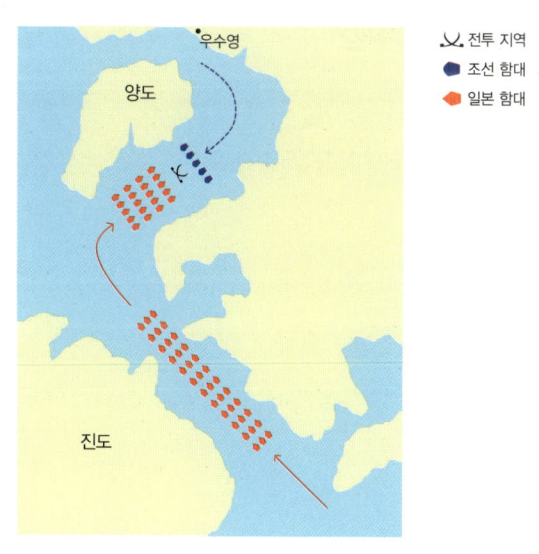

이순신 장군이 생각을 계속해요.

명량의 폭이 좁은 탓에
앞줄에 설 수 있는 왜군의 전투선들은
우리의 전투선 수만큼이다.

왜군의 나머지 전투선들은
그 뒤에 2열, 3열…… 이런 식으로 열을 지어서
명량으로 들어올 수밖에 없다.

왜군의 전투선들이 아무리 많다고 해도
매 순간 우리와 싸울 수 있는 전투선들은
우리의 전투선들과 비슷한 수일 뿐이다.

이것이 바로 이순신 장군이 명량을 택한 이유이고, 명량에서 일자진을 택한 이유예요. 13척의 전투선밖에 동원할 수 없었던 이순신 장군이 명량 앞바다를 택하고, 일자진 전술을 택한 것은, 그가 취할 수 있는 최선의 선택이었던 셈이에요.

이순신 장군이 생각을 이어가요.

명량의 물 흐름은 하루에 네 번 바뀐다.

물길의 방향이 이렇게 하루에 네 번 바뀌는 것은 조석 현상, 즉 바닷물이 들어오고 빠지는 밀물과 썰물의 현상 때문이에요.

이순신 장군이 생각을 계속해요.

왜군은 물이 벽파진에서 우리 쪽으로 흐를 때에
공격을 시작해 올 것이다.
요사이 명량의 물 때 바뀜으로 예측해 보건대
왜군의 공격은 점심 무렵이 될 것이다.

이순신 장군의 이러한 예측은 그대로 들어맞았어요. 왜군들은 아침 일찍 공격 준비를 마친 상태였어요. 하지만 공격을 하지 않고 멀리서 머물러 있다가 물의 흐름이 그들이 공격하기에 유리한 방향이 될 때까지 기다렸어요. 점심 무렵이 되자, 이순신 장군의 예상대로 물은 벽파진에서 조선의 수군 쪽으로 흐르기 시작했고, 왜군의 전투선들이 마침내 명량으로 들어오기 시작했어요.
　이순신 장군이 계속 생각해요.

　　물 흐름이 하루에 네 번 바뀌니
　　6시간 후에는 물의 방향이 역전될 것이다.

점심 무렵에서 6시간 후라면
해가 뉘엿뉘엿 지는 시간 즈음일 것이다.
그때는 명량의 물이
우리 쪽에서 벽파진 쪽으로 흐를 것이다.
우리는 그때까지 천지현황을 쏘면서 어떻게든
왜군의 공격을 버티어 막아 내야 한다.

끝이 보이지 않는 왜군의 전투선들을 보고 조선의 수군은 겁을 덜컥 집어먹었어요. 살아남기가 어렵다고 본 것이지요. 여차하면 줄행랑을 칠 기미를 보이는 병사도 여럿 보였어요. 이순신 장군이 병사들을 불러 놓고 꾸짖듯 말했어요.

필사즉생 필생즉사(必死則生, 必生則死)라고 했다.

이는 죽기를 각오하고 싸우면 살 것이요, 살기를 작정하고 싸우면 반드시 죽을 것이다, 라는 뜻이에요.

이순신과 병사들은 필사즉생 필생즉사의 각오로 전투를 벌였어요. 어느덧 해가 서산으로 기울 즈음 이순신 장군의 예상대로 명량 앞바다의 물 흐름이 바뀌기 시작했어요. 물 흐름이 조선의 수군 쪽에서 왜군의 전투선 쪽으로 바뀐 것이에요.

우리 수군의 천지현황에 파괴된 왜군의 전투선들이 바뀐 물 흐름에 타고 거슬러 오르며 자기네 전투선들을 들이받기 시작했어요. 왜군은 우왕좌왕 갈피를 못 잡으며 물러서기 바빴어요. 조선의 전투선들은 기회를 놓치지 않고 천지현황을 더욱 거세게 내뿜으며 왜군의 전투선들을 몰아쳤어요.

싸움의 결과가 어찌 됐을지는 더 이상 설명하지 않아도 알 수 있겠죠, 여러분?

그래요. 이순신 장군은 기적적인 대승을 거뒀어요.

사천해전을 시작으로 한산도해전과 명량해전으로 이어진 이순신 장군의 맹활약 덕분에 우리는 임진왜란의 최종 승자가 될 수 있었답니다.

조선왕조실록으로 보는 거북선 ②

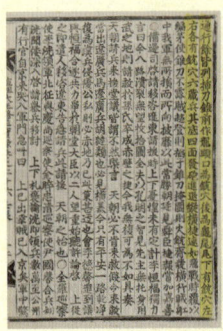 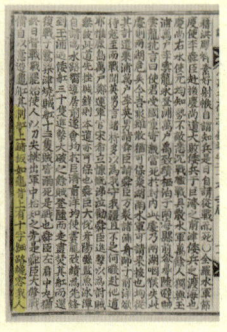

조선왕조실록은 거북선을 어떻게 기록하고 있을까요? 조선왕조실록을 자세히 들여다보면, 거북선의 모양에 대한 기록을 찾을 수 있어요.

"배 위에 판목을 깔아 거북 등처럼 만들고 그 위에는 우리 군사가 겨우 통행할 수 있을 만큼 십자(十字)로 좁은 길을 내고 나머지는 모두 칼·송곳 같은 것을 줄지어 꽂았다. 그리고 배의 앞은 용의 머리를 만들어 입은 대포 구멍으로 활용하였으며 배의 뒤에는 거북의 꼬리를 만들어 꼬리 밑에 총 구멍을 설치하였다. 좌우에도 총 구멍이 각각 여섯 개가 있었으며, 군사는 모두 그 밑에 숨어 있도록 하였다. 사면으로 포를 쏠 수 있게 하였고 전후 좌우로 이동하는 것이 나는 것처럼 빨랐다."
(선조수정실록 26권 선조 25년 5월 1일)

자, 그럼 조선왕조실록을 바탕으로,
우리 한번 머릿속으로 거북선을 떠올려 볼까요?
거북 등에는 칼과 송곳이 꽂혀 있어요.
용의 머리를 지녔고,
입에서 대포가 나오네요.
거북의 꼬리 밑에서 총알도 나오고요.
그리고 앞뒤로, 왼쪽 오른쪽으로
순식간에 이동할 수 있었군요!
나는 것처럼 빨리 이동했다니,
거북선은 정말
놀랄 만한 전투선이었어요.

이순신 장군의 거북선에는
14문의 대포가 설치되었어요.

부록
이순신과 임진왜란의 역사

1545년 3월 8일 이순신이 서울 건천동(오늘날의 서울시 중구 인현동)에서 태어났어요. 이순신은 그 후 어머님의 고향인 충청남도 아산으로 내려가서 소년 시절을 보냈어요.

1591년 2월 13일 이순신은 전라좌수사가 됐어요. 그리고 1년 2개월 후인 이듬해 4월에 거북선 3척을 완성했어요.

1592년 4월 13일 임진왜란이 발발했어요. 14일에 부산이 함락되고, 15일에 동래성이 무너졌어요. 30일에는 선조 임금이 한양을 버리고 피난길에 올랐으며, 이틀 후인 5월 2일에 왜군이 한양을 점령했어요.

이순신 장군의 초상화.

1592년 5월 4일 이순신이 출전했어요. 새벽에 여수를 출발한 이순신 함대는 옥포로 향했어요.

1592년 5월 7일 옥포에서 왜군의 전투선 30여 척을 격퇴했어요.

1592년 5월 8일 적진포에서 왜군의 전투선 11척을 격퇴했어요.

1592년 5월 9일 이순신 함대는 승리의 기쁨을 안고 전라좌수영으로 돌아왔어요. 그러나 한양이 함락되고 선조 임금이 의주로 피난갔다는 사실을 전해 들었어요. 이순신은 대성통곡했어요.

1592년 5월 29일 이순신 함대는 경상남도 사천으로 출발했어요. 이 사천해전에서 거북선이 처음으로 등장했어요. 왜군의 전투선 10여 척 이상을 격퇴했어요.

1592년 6월 2일 당포해전에서 왜군의 전투선 20여 척을 격퇴했어요.

1592년 6월 5일 당항포해전에서 왜군의 전투선 26척을 격퇴했어요.

1592년 6월 7일 율포해전에서 왜군의 전투선 7척을 발견하고 추격해서 격퇴했어요.

1592년 7월 8일 왜군을 한산도 앞바다로 유인했어요. 그러고는 학익진 전술을 써서 왜군의 전투선 70여 척을 격퇴했어요. 이것이 임진왜란의 3대 대첩(진주대첩, 행주대첩) 중 하나인 한산도대첩이에요.

1592년 7월 10일 안골포해전에서 왜군의 전투선 40여 척을 격퇴했어요.

1592년 9월 1일 부산포에 정박 중인 왜군의 전투선 500여 척과 맞서 싸워 150여 척을 격퇴했어요.

1593년 7월 13일 이순신은 권율 장군이 경기도의 행주산성에서 크게 이겼다는 행주대첩 소식을 전해 듣고 크게 기뻐했어요.

1593년 9월 1일 선조 임금은 이순신을 삼도수군통제사에 임명했어요. 삼도수군통제사는 전라도와 경상도와 충청도의 수군을 총지휘하는 수군의 최고 사령관이에요. 요즘으로 치면 해군참모총장이 되겠지요. 이후 명나라가 개입하고 전쟁은 소강 상태에 접어들었어요.

1597년 2월 26일 삼도수군통제사였던 이순신은 원균을 비롯한 여러 신하들의 모함을 받고 체포되어 한양으로 압송됐어요.

1597년 4월 1일 이순신은 고문을 받고 감옥에서 지내다가 풀려났어요. 이순신은 말을 타기도 하고 걷기도 하면서 남해까지 내려갔어요. 이것이 임진왜란 때의 이순신 장군의 백의종군이에요.

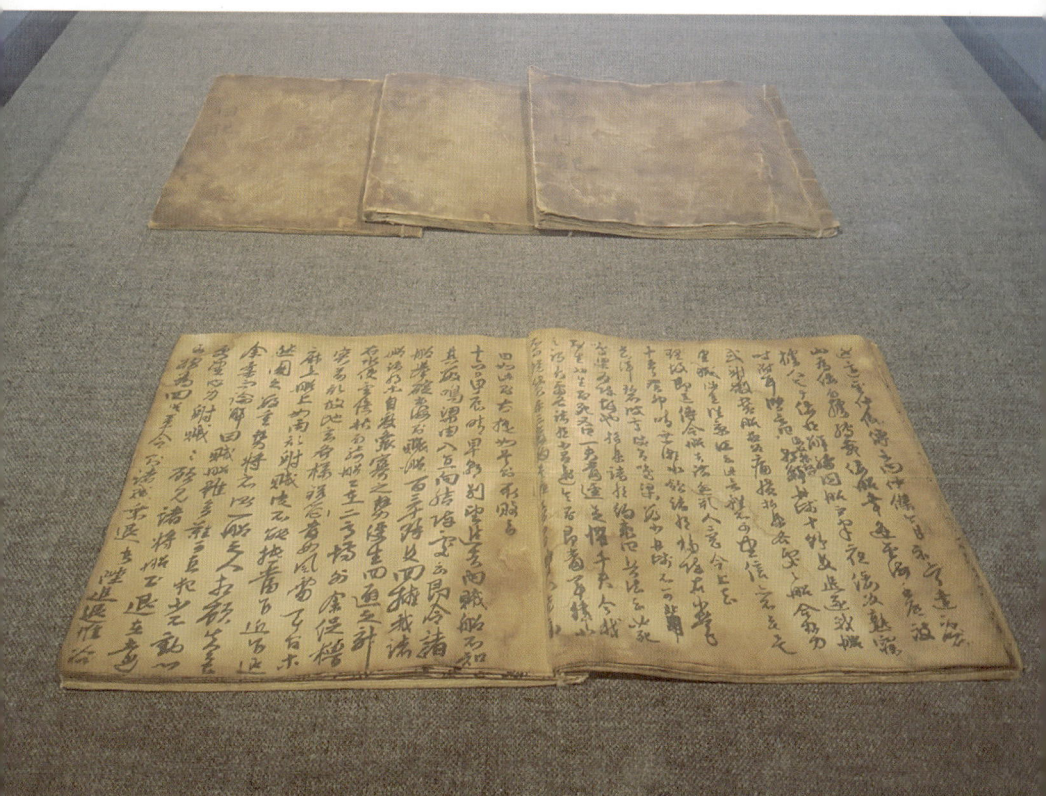

이순신 장군의 난중일기.

1597년 4월 13일 이순신은 어머니가 돌아가셨다는 소식을 전해 듣고 땅을 치며 통곡했어요.

1597년 7월 16일 원균이 이끄는 조선 수군이 칠천량에서 대패했어요. 원균은 산으로 도망치다가 죽었다고 전해져요.

1597년 7월 23일 선조 임금은 어머니의 상을 치르고 있는 이순신을 삼도수군통제사로 다시 임명했어요.

1597년 9월 16일 이순신은 12척의 전투선과 1척의 배를 이끌고 명량에서 왜군의 전투선 330여 척과 맞서 싸워 기적 같은 승리를 거두었어요. 이것이 명량해전이에요.

1597년 10월 14일 이순신의 아들 이면이 충청남도 아산에서 왜군과 맞서 싸우다가 전사했어요. 이순신은 이 소식을 전해 듣고 비탄에 잠겼어요.

1598년 11월 19일 이순신은 노량 앞바다에서 도망치는 왜군의 전투선을 한 척도 남김없이 물리치려다가 적의 총탄에 맞아 숨을 거두었어요. 노량해전 때의 일이에요. 이 노량해전으로 7년 동안의 길고 길었던 임진왜란이 끝났어요. 오묘하게도 이순신이 거북선을 만든 다음날에 임진왜란이 터졌고, 절묘하게도 이순신이 잠든 날에 임진왜란이 끝났어요.

참고 문헌

『거북선 : 신화에서 역사로』, 남경완 지음, 랜덤하우스중앙, 2005.

『거북선을 만든 과학자 체암 나대용 장군』, 체암나대용장군기념사업회 편찬, 세창문화사, 2015.

『난중일기』, 이순신 지음, 송찬섭 엮어옮김, 서해문집, 2010.

『내게는 아직도 배가 열두 척이 있습니다』, 김종대 지음, 북포스, 2004.

『다시 쓰는 임진대전쟁(Ⅰ~Ⅱ)』, 양재숙 지음, 고려원, 1994.

『문화 유산에 숨겨진 과학의 비밀』, 국립문화재연구소 엮음, 고래실, 2007.

『불패의 리더 이순신, 그는 어떻게 이겼을까』, 윤영수 지음, 웅진지식하우스, 2005.

『비변사등록』, 국사편찬위원회

『역사가 새겨진 나무이야기』, 박상진 지음, 김영사, 2014.

『역사저널 그날4 : 임진왜란』, KBS 역사저널 그날 제작팀 지음, 민음사, 2016.

『왜구토벌사(민족전란사9)』, 국방군사연구소, 1993.

『우리 궁궐 이야기』, 홍순민 지음, 책세상, 2013.

『우리 과학의 수수께끼2』, 신동원 엮음, 한겨레출판, 2011.

『우리 역사 과학 기행』, 문중양 지음, 동아시아, 2012.

『유물의 재발견』, 남천우 지음, 학고재, 1997.

『유성룡 : 난세의 혁신 리더』, 이덕일 지음, 역사의아침, 2012.

『이순신』, 김덕수 지음, 웅진씽크하우스, 2007.

『이순신과 임진왜란1~4』, 이순신역사연구회 지음, 비봉출판사, 2006.

『이순신을 만든 사람들』, 고진숙 지음, 한겨레아이들, 2004.

『이순신을 찾아 떠난 여행』, 이진이 지음, 책과함께, 2008.

『이충무공전서 이야기』, 김대현 지음, 한국고전번역원, 2015.

『일본사 편지』, 강창훈 지음, 책과함께어린이, 2014.

『임진왜란과 전라좌수영 그리고 거북선』, 여수해양문화연구소 한일관계사학회 편, 경인문화사, 2011.

『임진왜란 해전사』, 이민웅 지음, 청어람미디어, 2004.

『조선왕조실록』, 국사편찬위원회

『조선의 무인은 어떻게 싸웠을까?』, 최형국 지음, 인물과사상사, 2016.

『징비록』, 유성룡 지음, 김흥식 옮김, 서해문집, 2014.

「채연석 박사의 뜨는 이야기」, 프리미엄조선, 2015. 10. 27.

『충무공 이순신 전서 1~3』, 박기봉 편역, 비봉출판사, 2006.

『칼의 노래』, 김훈, 문학동네, 2012.

『한국 과학사 이야기 3』, 신동원 지음, 이크종 그림, 책과함께어린이, 2012.

『한국무기발달사』, 국방군사연구소, 1994.

『한국민족문화대백과사전』, 한국학중앙연구원

『한국의 배』, 이원식 지음, 대원사, 1996.

『한국의 전통 선박 한선』, 최완기 지음, 이화여자대학교출판문화원, 2006.

『한국의 전투와 무기』, 한국문화콘텐츠진흥원 편, 신현득 글, 현암사, 2008.

『한 권으로 읽는 세종대왕실록』, 박영규 지음, 웅진지식하우스, 2008.

생각실험실 시리즈 ③

이순신의 생각실험실 : 거북선

ⓒ 송은영 오승만 2018

1판 1쇄 2018년 3월 15일
1판 3쇄 2023년 10월 10일

지은이	송은영
그린이	오승만
펴낸이	김정순
편 집	허영수
디자인	김수진
마케팅	이보민 양혜림

펴낸곳	(주)북하우스 퍼블리셔스
출판등록	1997년 9월 23일 제406-2003-055호
주소	04043 서울시 마포구 양화로 12길 16-9(서교동 북앤빌딩)
전자우편	henamu@hotmail.com
홈페이지	www.bookhouse.co.kr
전화번호	02-3144-3123
팩스	02-3144-3121

ISBN 978-89-5605-814-6 74900
　　　978-89-5605-746-0 (세트)

해나무는 (주)북하우스 퍼블리셔스의 과학·인문 브랜드입니다.

┌─ 어린이제품 안전특별법에 의한 기타표시사항 ─┐
제품명 도서 | **제조자명** (주)북하우스 퍼블리셔스 | **전화번호** 02-3144-3123
주소 04043 서울시 마포구 양화로 12길 16-9(서교동 북앤빌딩) | **제조년월** 2023년 10월 10일 | **사용 연령** 11세 이상